菓 子
Götz Books

維也納之心：
疫情時代的德語筆記

蔡慶樺　著

Mein Wiener Herz:

Notizen zum Deutschen in Zeiten der Pandemie

推薦語

「法國有巴黎，大英王國有倫敦，義大利有羅馬，可是哪一個城市可以代表德意志文化？柏林？科隆？慕尼黑？很少有人會想到維也納，似乎奧地利與德意志毫無關聯。

十五世紀以後，神聖羅馬帝國東境奧地利漸漸成為『帝都』。當時，柏林仍是一片沼澤，科隆為大主教轄區，慕尼黑則從修道院發展成公爵國。十九世紀中期，普魯士主導帝國事務，奧地利反被排擠在外。二次大戰後，德意志地區從廢墟中另起高樓，只有維也納依稀保持往日帝國景象。」

——周惠民（政治大學歷史系兼任教授）

「以一貫清醒且迷人的筆調，將生活中的觀察結合歷史詳實地作出筆記，讓人好奇，作者的熱情及渴望在維也納獲得十足的養分，傳達出奧地利最傲人首都的點滴祕辛與傳奇，同時鼓舞在台灣地土生活的讀者持續擁有足夠的信心和勇氣面對各樣的挑戰及困境，並一窺德語文化的奇妙風景。」

——劉惠安（輔仁大學德文系退休教授）

目次 Inhaltsverzeichnis

前言 Vorwort

　　這是一本語言之書，也是思想之書，或者，也是時代之書。

　　使用德語多年，不管是生活上、工作上，或者閱讀時光，時常會遇見不同風景。那些片段是說中文的我與說德文的我，相遇、對話，甚至互相質問的時刻。這本書所記錄的許多筆記，記錄的都是那些直面另一個世界的自己。或者，也可以把這本書視為一本日記，因為書中的絕大部分篇章，都是我移居維也納以後，每日睡前記錄一點自己生活、閱讀、對話、思考及學習的心得。即使在德國居住多年，但來到奧地利後才深刻體會，這個國家有其獨特，尤其在語言上。我站在邊界，面對一個既熟悉又陌生的世界，如同回到當年開始學習德語的心情，驚奇且滿足。

　　尼采曾經寫過，在哲學中，「全無不帶個人性質的東西」（ganz und gar nichts Unpersönliches）。我要借用這句話說，其實外語也是，尤其是這種不屬於學校義務教育裡強制學習的語言，我們每個人與之相遇的歷史，大概都帶著極為個人的色彩與故事。學習德語是一段愛情（即使不一定全是甜蜜、即使最後可能

分手），沒有兩個人會在同樣的情境下邂逅德語，並接受這個語言走入自己的生命。我自己遇見德語的歷史也是非常個人的，這段情感開始於二十年前。當時我在政大讀博士班，研究德國哲學，申請到一筆獎學金，在差不多什麼都不懂的情況下，就到德國巴伐利亞的符茲堡（Würzburg）上語言學校學習德語。那也是我第一次出國，一開始當然辛苦，因為完全不同的文化與語言帶來的衝擊實在太大，而那個時代，並沒有高速網路、智慧型手機、即時通訊軟體等等，仍記得，當時德國住處如果要上網，必須拔電話線接上數據機，等待撥接，極為不便，也因此在那裡居住的時光我幾乎沒有用過電腦。可以說，突然地進入了一個全不熟悉的環境，一切從零開始。

但是我是好運的，因為迫切希望能在最短時間內把德語學好，所以在課程進度之外，每天也花好幾個小時讀書，抄錄我不懂的德語字句，每天與當時的室友 Anke 聊天，問她這些字彙的意思，我問的不只是意義或用法，我還想知道為什麼會這樣使

用。她總是詳細解釋這些字背後的文化典故及相關概念。記得有一次，她不好意思地對我說：抱歉，實在說太多了，因為這些字彙背後，有好多可以說的，我都想讓你知道。

非常謝謝她那時對一個德語初學者的耐心。她根本不需要抱歉，我對於這個語言所架構出來的一整個異文化世界，充滿探索的慾望。她說得再多，我都想聽。當時我每天的進步極快，簡直就像青春期的孩子每天都感覺得到自己的抽長速度。

後來的故事就是，我回到台灣之後，數次又再赴德國讀書、工作，台灣與歐洲之間來來去去，二十年過去了，我從來沒有離開學習德語的道路，沒有停止過探索這門語言的無窮慾望。

德語確實是困難的，一如那句俗語「德意志語言，困難的語言」（Deutsche Sprache, schwere Sprache），這二十年來我確有此感想。可是，學習者不要因為那些困難而卻步，如同登玉山，如果沒有那些辛苦攀爬的時光，我們怎麼有機會看到峰頂絕美的風景呢。不過，如果登山路程中有人能夠與我們同行一段就好了，這本書，就是這樣的「山友」。

寫完上一本談德語的書時，我自己作為作者也是讀者，一讀再讀草稿，樂趣十足。果然出版後的反應很好，謝謝所有與我分享他們多麼喜歡那本書的朋友們。而這本書，就是我繼續在這個語言的世界裡，為對歐洲語言、歷史、文化感興趣的讀者架設的

路標。但是與上一本書不同處在於我這次說的故事更短，以五百到一千字左右篇幅講述一個字彙、片語、字句、典故、歷史。約兩百篇筆記，篇幅不長，讀者們每天可以只花一點點時間，讀一個與語言有關的故事或閒聊。當年前我開始學習德語時，就希望中文世界有這樣一本深入淺出閒聊德語的書，一本能為我解釋各種文化與詞彙背後典故及思想的書，在那幾乎不可能完成的德語學習之路上陪著我。而今寫好這樣一本書，希望能對年輕時的我說：你看，這就是你要的書。當然，希望對於正翻開這本書的你來說，這裡記錄或解釋的文字、文化、歷史，也能陪你一程。我希望如同當年德國室友與我的閒談為我帶來的樂趣與幫助，此刻翻開這本書的讀者們，我也可以成為你們這樣的室友，一起走在學習之路上。

此外，這本書也寫給已經熟悉德語世界的人，我們都以不同文化的角度觀察德語文化，希望我的記錄也能帶給你們一些思想刺激以及對話的可能。或者，這本書的讀者，也不需要有任何前提預設，只需要好奇，喜愛接觸異文化及思想、願意從語言角度觀察德、奧，也許也會從這樣的角度看到我們自己。讀者可以在本書中看到奧地利的特色，雖然它總是被德國的光環掩蓋，但仍是值得我們理解。在接觸奧地利德語及歷史的過程，我常有親切的感覺。這是一個多族群組成的小國，面對鄰近不管是人口、政

治、經濟、或國際影響力都強大的國家，也有些曖昧，因與這個強大國家在種族、文化、語言、歷史上有千絲萬縷的糾纏，然而這些年來在既親近又對抗的關係中，也逐漸緩慢地找到自己的路與認同。奧地利不是台灣，但奧地利卻常常讓我想起台灣。

這本書的書名是「維也納之心」，借用自書中一篇筆記篇名，文中提到的是奧匈帝國哈布斯堡的皇家成員過世後，留存在維也納教堂裡的心臟，那是代表帝國力量的象徵。我時常覺得，奧地利如同這些心臟，始終停留在昨日的世界裡，曾經是中心，在歷史的記憶中又不斷被召喚至當代；另外，這樣的標題也想傳達另一層意義：我來到奧地利，以維也納之心記下本書的一切。

寫作過程中許多人給我靈感。謝謝我的朋友、同事們房天賜（Matthias Zimmerl）、Stella、Sigid、柏廷、Abi 等每日的對話，他們跨文化的理解能力（或即使有時候是誤解，也帶來許多靈光），時常刺激我思考語言的多義、曖昧與深刻；尤其要謝謝我的同事 Doris，一位聰明又風趣的維也納人，每天與她的討論，是我獲益良多的奧地利語言與精神之旅。她曾對我使用的德語說：「慶樺，你實在很德國（Du bist sehr bundesdeutsch）。」我不很確定這是肯定或是批評，但是這本書應該可以稍稍說明，我已經開始走向「正途」，我已開始生長一顆維也納之心。

最後當然要感謝我那在學習德語的伴侶，她也是我的第一位

讀者。這些年來因為駐外工作關係，不得不離開她，我們總是聚少離多。尤其在大疫之年，我與她被迫長期分隔在兩個大陸不得相見，本書就在我與她分離時，在因封城而安靜無比的無數維也納夜晚中寫成，每一篇都是我想對她說的睡前故事。

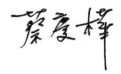

· 奧地利帝國的弗朗茲一世皇帝雕像，底座寫著：吾愛獻給吾民（Amorem Meum Populis Meis）。而霍夫堡皇宮 (Hofburg) 是哈布斯堡王朝以及奧匈帝國的政治核心。

一切地上王國皆屬奧地利統治

A.E.I.O.U.

① 帝國的與王國的 k.u.k.

剛來到維也納的外國人，會在街頭到處看到這三個字母縮寫：k.u.k.。如同一種秘密結社的暗號，某種難解密碼，那是代表維也納 1867 年至 1915 年歷史的三個字母。

k.u.k. 的意思是：Kaiserlich und königlich（帝國的與王國的），或者確切地說，是指奧地利皇帝的與匈牙利國王的。

1867 年，奧地利與匈牙利組成奧匈王朝（Österreichisch-Ungarische Monarchie），這是帝國與王國的結合，也被稱為「雙王朝」（Doppelmonarchie）。此後，k.u.k. 便進入皇家文件中，例如，奧匈帝國軍隊便被稱為「帝國與王國軍隊」（k.u.k. Heer），我也在圖書館查閱過《帝國與王國軍隊法規公報》（*Verordnungsblatt für das k. u. k. Heer*），由帝國與王國戰爭部（k.u.k. Kriegsministerium）發行。

除了官方用語，維也納街頭巷尾各種招牌看板上，也可看到這個奧匈帝國的象徵。例如，不少在皇朝時期即活躍的麵包店與甜點店，現在招牌上還寫著帝國與王國皇家甜品烘焙店（K. u. K. Hofzuckerbäcker）或帝國與王國皇家麵包店（K. u. K. Hofbäckerei）等華麗的店名。

因為 k.u.k. 這縮寫深入奧地利人心，也有店家借用此縮寫來

· 維也納市區一家餐廳，
標明曾為皇家供應商

取諧音店名，例如 Kaiser und Küche（皇帝與料理）、Konditorei und Kaffeehaus（蛋糕店與咖啡店），縮寫都是 k.u.k.。這種名稱很有「御廚」的氣勢。

②　一切地上王國皆屬奧地利統治 A.E.I.O.U.

另一個關於奧地利歷史的神秘縮寫是 A.E.I.O.U.，奧地利曾

經如此重要，從這五個母音就可以看出。

A.E.I.O.U. 是十五世紀時奧地利的腓特烈三世皇帝（Friedrich III）愛用的密碼，銘刻在其家徽及所使用的各種器物上。他那麼迷戀這五個母音，是因為它們形成以下句子的縮寫：Austriae est imperare orbi universo（拉丁文：統治這個世界，是奧地利的使命），或者 Austria erit in orbe ultima（拉丁文：奧地利將永存萬世），或者 Alles Erdreich ist Österreich untertan（德文：一切地上王國，皆屬奧地利統治）。

腓特烈三世選用這五個母音作為格言後，形成歷朝皇帝的國家格言，除了在皇帝肖像上、皇室家徽會看見 AEIOU，也會在一些重要建築上銘刻這五個字母，例如維也納的城牆、林茲的城堡、格拉茲的主教教堂與城堡等。另外，也在女爵瑪利亞泰瑞莎（Maria Theresia）創立的泰瑞莎軍事學院（Theresianische Militärakademie）之校徽上，也畫上了 AEIOU，從這家世界最古老軍事學院畢業的年輕軍官，其畢業戒指上也刻著 AEIOU。這五個字母，可說是奧地利國家密碼。

這裡看到了語言的力量。五個母音，是歐洲語系語言的核心，甚至可說是全部。沒有 A.E.I.O.U.，將無法發音，語言無法運作，而語言即人類歷史、思想、政治等一切的載體。一切地上王國，皆屬奧地利統治，另一個角度思考其實是：一切地上王國，

都歸於這五個母音，都來自語言。

此外，這組國家密碼，也曾在納粹佔領時期有不同的作用，不只是帝國的象徵，還是反抗法西斯主義的密碼。維也納史蒂芬教堂大門砂岩外壁上，可見 O5 這個暗號，那是當年地下反抗人士彼此聯繫的暗語。O 是指奧地利，5 就是那五個字母。今日在那外牆旁設立了紀念碑，說明文字寫著：「A.E.I.O.U. Allen Ernstes ist Oesterreich unersetzlich」，這是對這五個字母另一種很有意義的詮釋：奧地利真無可取代。即使法西斯獨裁者一時掌控了奧地利，但是真正的奧地利終有一天還是會回來。看到 O5 的那些人，藉此也互相鼓勵，永不要放棄希望。

③ 維也納之心 Wiener Herzen

奧地利作家約瑟夫・羅特（Joseph Roth）於 1938 年，在流亡路上出版了一本傑出的小說《皇陵》（*Die Kapuzinergruft*）。

書中主角是貴族後代特洛塔（Franz Ferdinand Trotta），回憶他與奧匈帝國歷史緊緊糾纏的一生。他的回憶終止在 1938 年 3 月 12 日那天，那正是納粹德國佔領奧地利之日，也可說是奧地利亡國之日。也因為奧地利這樣的命運，羅特必須流亡他國，這本小說也因此必須在國外出版。翻閱過程始終有一種鬱鬱感傷，

那也是那個時代無數奧地利知識分子的共同氣質。

　　為什麼他以「皇陵」作為小說書名？因為那正是舊時代最重要的象徵。皇陵（Kaisergruft，或者也稱為嘉布遣陵墓，Die Kapuzinergruft），真有其地，位於維也納市中心，從十七世紀建成以來，是哈布斯堡歷任皇帝與皇家成員（共 149 位）埋骨之處。但是，並不是「全部」的皇室成員遺骸都埋葬在此。所謂不是全部，意思是其遺體中的一部分另有墓穴，而且可能是最重要的部分：心臟。

　　內臟與軀體分葬的習慣並非哈布斯堡所獨有，自中世紀以來，許多歐洲貴族均有分葬情形，原因在於，將內臟取出後，較容易保留遺體。不過，因為心臟向來被視為人體最尊貴的器官，古代也認為是人之靈魂所在，因此獨立保存心臟除了實用原因外，也有文化意義。

　　自 1627 年起，哈布斯堡皇家成員即有分葬傳統，身體不同部位分別葬在維也納的奧古斯丁教堂、史蒂芬大教堂以及嘉布遣教堂。而心臟則埋在奧古斯丁教堂，那個地方因此也被稱為「心之陵寢」（Herzgruft）。

　　造訪維也納的人，一定要去這幾個教堂。我曾認識一位奧地利學者，他說，一直覺得奧地利有某種揮之不去的「鄉愁」。要理解這句話，沒有比皇陵更適合的地方了，在奧地利人的聖地

裡，看著曾經治理過世界帝國的王者們遺留下的遺體與心臟，感受羅特筆下的失落。站在帝陵中，看著皇帝的棺上所刻 Manet aeternum diadema monarchiae（皇朝之冠永存）字樣，奧地利人怎能不湧起鄉愁？他們亦感到那五個字母 A、E、I、O、U 的力量已不再。奧地利雖非我的家鄉，但我也為昨日世界的消逝感傷。

(4) 維也納大學拱廊中庭 Arkadenhof

　　維也納大學創立於 1365 年，由哈布斯堡王朝的奧地利大公魯道夫四世（Herzog Rudolf IV）創立，因此其拉丁文校名為「Alma Mater Rudolphina」（意為魯道夫母校）。創立後即成為歐洲地區最重要大學之一，六百多年來有無數一流學者在此任教。

　　大學主樓有一個非常古典美麗的拱廊中庭（Arkadenhof），在拱廊上，就是曾經在這所大學貢獻其教學研究的一百多位知名學者的雕像，如同羅馬的聖殿，只是這裡朝拜的不是神祇或政治偉人，而是以其思想推動人類文明的智者。比較近代的學者有法學家凱爾森（Hans Kelsen）、政治哲學家波普（Karl Popper）、物理學家施羅丁格（Erwin Schrödinger）等人。

　　有意思的是，中庭有一個紀念碑，由藝術家安德拉雪科（Iris Andraschek）於 2009 年設立，上刻著：

「紀念那些未發生的對女性學者的榮耀，以及對那些女性學者們在維也納大學之貢獻的無視。」（ERINNERUNG AN DIE NICHT STATTGEFUNDENEN EHRUNGEN VON WISSENSCHAFTERINNEN UND AN DAS VERSÄUMNIS, DEREN LEISTUNG AN DER UNIVERSITÄT WIEN ZU WÜRDIGEN.）

因為，一百多位眾神，無一為女性。

後來，維也納大學在創校六百五十週年時，補上了女性學者的紀念碑。

· 維也納大學拱廊的
　中庭紀念碑

· 維也納大學的拱廊中庭

⑤ 華麗的客廳 ein prunkvolles Wohnzimmer

維也納的咖啡館文化舉世聞名，但是三百多年前，其實維也納人並不喝咖啡。某日我讀《格林欽酒報》（*Grinzinger Weinblatt*），這個維也納郊區盛產葡萄酒之地的居民，很自豪地寫了一篇文章，敘述 1683 年第二次對土耳其戰爭，奧地利在其他天主教國家援軍支持下打敗了土耳其，使得維也納免於落入土耳其之手。當時許多土耳其的士兵就駐軍在格林欽，軍隊撤離後留下許多咖啡，於是維也納人接收這些儲備，1685 年起開設第一家咖啡館，這才開始了維也納三百多年來獨特的咖啡館文化。

我在週末時，常去維也納市區的咖啡館吃早餐、看看報紙，能有這樣的享受，看來還得感謝當年把咖啡帶到此處的土耳其人。不過，無奈這樣微小的享受，在疫情期間因奧地利政府實施封城時必須被迫中止。在家讀一本咖啡館之書，稍稍彌補無法上咖啡館的怨氣。

維也納的攝影師、也是出版社發行人布朗史黛特（Christian Brandstätter），於 2020 年出版《維也納咖啡館》（*Das Wiener Kaffeehaus*）。這樣的主題也許已經太多人寫過，畢竟，維也納咖啡館 2011 年起被列為聯合國教科文組織非物資遺產，其獨特的氣氛，是許多文人喜愛書寫的主題。德國作家布萊希特（Bertolt

Brecht）寫過的這句話，也許最能說出咖啡館在維也納的地位：「維也納是一座圍繞著一些咖啡館而建起來的城市。」（Wien ist eine Stadt, die um einige Kaffeehäuser herum errichtet ist.）

不過，雖然無數文人談過維也納咖啡館，這本書還是有其獨到之處，一來作為攝影師的編者確實交出了許多精彩照片，使得這本搭配三百張圖片的書，成為一本迷人的攝影集；而書中幾位作者都是一輩子幾乎在維也納生活的咖啡館動物，他們敘述自己在那些傳奇咖啡館裡遇見的傳奇人物的故事，也讓這本書讀起來別有趣味。

布朗史黛特說，他寫這本書是為了紀念維也納咖啡館誕生三百周年。三百年來，這裡是傳統與現代的交匯處，是藝術與創意的聖殿，是維也納人的文化財（Kulturgut）。不少革命者與作家以此為家。例如，哈維爾卡（Hawelka）咖啡館裡總是會為卡內提（Elias Canetti）與托爾貝格（Friedrich Torberg）等這些作家熟客，保留他們習慣的位置。

但是，更重要的，咖啡館不只是屬於那些創造歷史之人，還屬於所有市民。以前的人們就算沒有豪宅，仍可來到咖啡館，享受在此與朋友或陌生人相會、聊天、看報、辯論，這裡的挑高空間、大理石桌面、巨大的長鏡、雄偉大門、美麗的水晶燈，以及穿著整齊、服務到位的侍者，使得咖啡館不只是喝咖啡之處，還

是每個市民的「華麗的客廳」（ein prunkvolles Wohnzimmer）。

　　啊，維也納咖啡館，這個你我的客廳，有太多故事，怎麼也寫不完、寫不膩哪。

　　2021 年 5 月 19 日，奧地利經過漫長的封城後，咖啡館終於可以再次營業。那天，我也走入咖啡館，讀到知名記者庫登霍夫－卡列吉（Barbara Coudenhove-Kalergi）在報上的專欄寫著「返回咖啡館的家」（Heimkehr ins Kaffeehaus）。她感嘆，《聖經》裡曾經描述那行蹤不明多年的兒子返回家鄉時，被家人以何等的歡欣迎接，而對於那些歷經漫長封城回到最喜愛咖啡館的常客來說，也是類似的心情。在咖啡館的第一杯咖啡，在那裡閱讀的第一份報紙，都顯示，我們終能尋回一點點正常的生活品質，世界終於再次回到它的秩序。

　　所有維也納人都能理解，這位已近九十歲、仍渴望每天回到咖啡館的記者，她所說的是什麼樣的感受。我們都是想回家的孩子們。

⑥ 強尼的花園 Schanigarten

　　Schanigarten 這個奧地利字彙，不存在於德國的字典，如果在奧地利字典裡查，會看到這樣的解釋：「餐館外的小場所。」

其實就是一個延伸到戶外的用餐處，幾張桌子椅子，通常也不大，有時也就是人行道旁小空間，是一種「賓客用餐花園」（Gastgarten），只不過不一定有花園就是了。這是在維也納常見到的路邊風景，因此對奧地利人來說也是個重要的日常生活字彙。可是，很少人知道名稱由來。當我第一次從奧地利朋友口中聽到這個字時，問她為什麼這麼稱呼呢？她說，從沒想過典故。

德語維基百科所提，Schanigarten 的名稱來自一個 18 世紀的人名：約翰‧雅各‧塔隆納（Johann Jakob Tarone），義大利語稱他為強尼（Gianni）。他於 1748 年時開了一家咖啡館，兩年後，他申請市政府許可，得以在咖啡店前室外空間擺放桌椅。而因為

‧「卡夫卡咖啡館」（1908 年起營業至今）外，人行道上的小小強尼花園

塔隆納的咖啡館是生活在維也納的義大利人喜愛聚集的地方，於是被義大利人稱為強尼的他，便以第一家「強尼花園」聞名。當代咖啡店常見的景觀從此誕生，維也納幾乎所有知名老咖啡館都會在屋前擺放桌椅、盆栽、立傘，冬天時還有暖爐，家家都有強尼花園。

不過，這並非唯一可能答案，也有別的推測。18、19 世紀奧地利喜愛法國文化，很多人會取法文名字，或者把原來德文名字法文化，例如，當時的維也納很多男生就叫法語名字 Jean，是德語 Johann 的法語版本。尤其在餐館或咖啡館許多服務生都是這個名字，因此這些男子們的名字轉音為 Schani，他們所服務的場所就是 Schanigarten。

另有一說是，這些男生流行的名字不是 Jean，而是德語區的菜市場名 Hans，這個名字普遍到 18 世紀時，喚侍者都叫成 Hans！（或者 Johann！或法語的 petit-Jean！），其變異版本正是 Schani。

最後一提，還有一個有趣的說法是，Schani 指的是「看過去」（Schau nur hin）說得快速或含糊的版本。鑑於「強尼的花園」都是在戶外或路邊，過路行人都看得見這些客人，這個說法也很讓人心領神會。

⑦ 替代的總體性 Ersatztotalität

1901 年時，維也納的作家阿爾騰貝格（Peter Altenberg）描述他多麼喜愛咖啡館，這麼引用另一位作家珀爾嘉（Alfred Polgar）的話：「咖啡館是為了所有希望獨處、卻又需要陪伴的人。」這裡的陪伴就是 Gesellschaft，這個德文字既是陪伴，也是社會。咖啡館提供你自己單獨存在的空間，也給你一個社會。

阿爾騰貝格是在世紀之交，維也納重要的文人，當時他以及許多在文學上提出新嘗試、也一起泡咖啡館的朋友們，被稱為青年維也納派（Jung-Wien）。雖然這些人的創作可能方向各異，思想也充滿異音，可是他們每天在咖啡館談天、寫作所聚集出來的豐沛創作能量，確實標示了二十世紀剛剛開始時的維也納文學特徵：帶著希望告別陳舊歷史的青年慾望。

柏爾嘉有關咖啡館的，不只是被引用的那句話，還有他那本知名的書《中央咖啡館的理論》（*Theorie des Café Central*）。他寫道，咖啡館提供了「替代的總體性」（Ersatztotalität），意思是，我們每個個體都生活在某種更大的總體裡，例如家庭、工作等不同的人際關係所形成的總體，而在咖啡館裡，與他人共構的總體依然存在，只是，不再是以實際人際關係為基礎，而是咖啡館裡的「社會」能夠延伸、甚至替代親屬與職業關係而形成的圈子。

· 維也納的中央
  咖啡館入口

· 疫情期間大門深鎖的中央咖啡館

於是他才說，你在這裡既能獨處，又能獲得陪伴。也許這是這種「替代的總體性」最迷人之處，不需要在獨處或共處中擇一。

對珀爾嘉來說，當然，他的「替代的總體性」就是在中央咖啡館中。其實對阿爾騰貝格也是，他多麼常在這裡呢？從他對外留下的通訊地址就可看出：「中央咖啡館，維也納1區。」而今日的中央咖啡館內甚至有一尊他的塑像。咖啡館是他的家，而咖啡館也將他當成家人。

⑧ 常客桌 Stammtisch

阿爾騰貝格以咖啡館為家，咖啡館也為他保留一張常客桌。在德語裡稱之為 Stammtisch，意思是給常客（Stammgäste）的座位。所有的朋友，甚至陌生人、讀者都知道這位作家的座位在哪裡，知道哪裡可以找到他。

· 在中央咖啡館寫出無數
作品的阿爾騰貝格，以
雕像方式永存在這間他
最喜歡的咖啡館

以咖啡館為家的他，其實一生都在寫作，雖然維也納人都知道他，不過他始終不是暢銷作家，也因此時常需要朋友的救濟。但即使有時有求於人，朋友來找他時，還是得遵守他所訂下的規矩。

　　阿爾騰貝格認為，咖啡館有一定的道德規則。他為自己（也為了來咖啡館找他的訪客）寫下這樣的戒律：

　　「不准帶情婦來。」雖然眾所周知，阿爾騰貝格那麼喜歡年輕女子，但是他從不帶這些女朋友們來咖啡館。

· 阿爾騰貝格故居

「在咖啡館聊天時，不許提及屁股等粗俗字眼，也禁止消化不良這類的話題。」

「不許剪指甲。」

但是他寫道，歡迎夫婦來拜訪他。不是因為他願意分享夫婦的幸福，而是，他願意做件好事，讓夫婦們少一個小時度過必須彼此共處的時間。

⑨ 一位多才多藝者 Tausendsassa

提起阿爾騰貝格泡在咖啡館的日子，還有另外一位也屬於青年維也納派的作家，是他在咖啡館的「社會」成員之一：弗利德爾（Egon Friedell）。

他的《近代文化史》（*Kulturgeschichte der Neuzeit*）巨作，是我讀過最有閱讀樂趣的文化史作品。不過弗利德爾的正職其實不是學者，他最為人所知的身份是記者、作家，以及卡巴萊演員（Kabarettist，就是在舞台上說學逗唱娛樂觀眾的藝人，類似今日的單口相聲脫口秀演員）。

此人生平甚具傳奇，出生於 1878 年的維也納，一歲時母親拋夫棄子離家出走，由父親扶養長大，之後到德國投靠親戚，父親過世後繼承其遺產，遂赴海德堡、柏林、維也納等地讀大學，

後來取得哲學博士。畢業後卻未走上學院的道路，反而開始寫作，並且走上舞台，成為維也納知名的卡巴萊演員。

　　當時維也納的老咖啡館，時常見到弗利德爾伏案寫作的身影。世紀之交的維也納文人圈裡，他也是重要的一支健筆。後來最為人稱道的，就是其鉅著《近代文化史》。這本書副標題為《從黑死病到一次世界大戰間歐洲靈魂的危機》，即可知他處理的歷史時間長度。該書加起來一千五百頁，讀起來一點都不像學術著作，雖然其知識含量絕不比其他學術著作低。他的文筆流暢，再

· 維也納結束封城後，中央咖啡館再次迎接來自世界各國的訪客

加上其舞台經驗帶來的幽默與敘事能力，把那些難以理解的文化史大人物（例如路德、黑格爾）說得清楚易懂，又加上自己獨到的評點。難怪這本書在一百年前出版時，即成暢銷書。與他同時代的文人史琵爾（Hilde Spiel）的評論，我只能同意：「不可思議的博學、迷人的機智、精準的學術理性以及真正精細的藝術品味。」

德文裡有個字 Tausendsassa（或者也寫成 Tausendsasa），意思是多才多藝而令人驚嘆的人。這位寫出這樣一本近代文化史的人，正是用來解釋此字的佳例。

⑩ 那位咖啡館中的天使 Der Engel im Kaffeehaus

有一本書《那位咖啡館中的天使》（*Der Engel im Kaffeehaus*），說的是維也納市區環城大道上一家咖啡館的故事，或者更確切地說，是那家咖啡館裡一個服務生的故事。

咖啡館叫「朗特曼」（Landtmann），服務生叫羅伯特・伯克（Robert Böck），大家都稱他羅伯特先生（Herr Robert）。

朗特曼自 19 世紀帝國時期開始營業，是一間甚富傳統的維也納咖啡館，無數首都的王公貴族、重要政商名流與文人都喜歡到這裡來，因為生意很好（每年至少有七十五萬人次來

訪！），聘用了幾十位服務生，而羅伯特先生就是服務生的領班（Oberkellner，ober 是指上層，但話說，老一輩的人會稱服務生為 Herr Ober，但可不是每一位服務生都能是 Oberkellner）。其中一位常客，後來與羅伯特先生熟識，便決定寫這本書，從這位領班身上記錄維也納咖啡館文化。

羅伯特先生總是那麼親切，帶著笑容迎接客人。他記得所有來此的常客，知道他們的喜好，許多人來此不只為了喝咖啡，也為了見見老朋友，與羅伯特先生聊聊天。2003 年，在朗特曼咖啡館服務滿 28 年之後，他卸下制服，結束前後當了四十幾年服務生的日子，宣布退休。在他當服務生的最後一天，全維也納的要人都來到咖啡館，一起歡送羅伯特先生。市長也披上圍巾，為羅伯特先生送上咖啡，以感謝他多年來為市長服務。

朗特曼咖啡館現在沒有羅伯特先生，但依然座無虛席，甚至在遙遠的日本也有加盟店。2013 年，店家因為擬向點餐但不點飲料、只點自來水的客人收取水費，遭媒體與市民批評。不過，如果顧客點咖啡，服務生還是會送上一杯水的。在維也納咖啡館點一杯咖啡，會附上一杯自來水，這是這座城市的咖啡館傳統，即使盛名如朗特曼者，也不能破壞。

紅色維也納
Rotes Wien

⑪ 誰要是攻擊我們中的一人
Wer einen von uns angreift

我永忘不了 2020 年 11 月 2 日發生的一切。

那是所有維也納人都不會忘記的一天。當天天氣好得異常，大約 20 度左右，再加上隔天因為第二波疫情關係，奧地利全國將實施宵禁，晚上 8 點後不可外出。許多維也納人趁著絕好的天氣以及封城前的自由時光，與朋友們相約在城裡吃飯。「瑞典廣場」（Schwedenplatz）就是許多維也納人約會見面的熱鬧地方。

那個晚上 8 點多，瑞典廣場傳出了槍聲。配置機關槍與炸彈的恐怖分子，在最市區的地方發動了攻擊。四位無辜平民死亡，十幾人受傷。

當天，我原計劃趁著好天氣，去市區大學圖書館還書，依照我平日單車路線，一定會經過那裡。但後來下班時候已經太晚了，便想改天再去吧。回家後，吃完晚餐沒多久，手機不停跳出通知。我所訂閱的各種德語新聞頻道都在說著同一件事，社群媒體上都在轉傳恐怖分子殘殺無辜市民的影片及照片。

那夜，我與同事們一直追蹤相關新聞，警方呼籲市民儘速尋求掩蔽，切勿逗留公共場所。謠言四起，多少兇嫌、多少死傷者，誰也說不準。奧地利內政部長在半夜開了記者會，表示「這是多

· 2020 年維也納恐攻案發
生處，現已設立紀念碑

年來奧地利最沉重的一天。（Es ist der schwerste Tag für Österreich seit vielen Jahren）」向受害者家屬致哀，且說「誰要是攻擊我們中的一人，就是攻擊我們全部人（Wer einen von uns angreift, der greift uns alle an）。」朋友們從世界各地捎來訊息問安。大約凌晨三點，據傳仍有兇嫌在逃中，我再次檢查門窗後，半睡半醒睡去，我想許多維也納人都與我有同樣的一夜。

瑞典廣場位在維也納第一區，與我居住的第二區就隔著多瑙運河相望，是公共運輸的樞紐，兩條地鐵線交會處，許多人喜愛以那裡作為會面點。這個瑞典廣場的名字源自人道主義精神，原稱「費迪南皇帝廣場」（Kaiser-Ferdinands-Platz），但因瑞典在第一次世界大戰之後曾援助奧地利兒童糧食，在自己國家其實也不好過的時候，當下展現了對鄰人之愛，維也納市政府決定於 1919 年 11 月改名，以向瑞典致意。恐怖主義可以在這個廣場發動恐攻，但廣場象徵的人道與博愛精神，不會就此被擊退。

⑫ 滾吧，你這爛貨！ Schleich di, du Oaschloch!

Schleichen 這個動詞，是悄悄地、不想讓人察覺地朝某個目的地移動，中文可以說是躡手躡腳，時常以反身動詞方式使用：sich schleichen，例如，sich aus dem Haus schleichen 意思就是躡手

躡腳地溜出了房子。

這個動詞在奧地利，如果以命令式出現，Schleich dich，就是叫你滾的意思。大約等於德國人說的 Hau ab 或者（更粗魯地）Verpiss dich。英文翻譯大概可以說 Get（the fuck）outta here!

2020 年 11 月 2 日的維也納恐攻事件發生後，當晚，網路上流傳著一段影片，有無數人分享。影片中可見到恐怖份子在開槍後，仍在維也納街道上四處尋找目標。突然，某間公寓裡，打開的窗子，有個男子憤怒地向街上吼著：Schleich di, du Oaschloch!

· 恐攻之後，案發現場的各家
　餐廳掛上團結海報

Schleich di 是 Schleich dich 的維也納方言版本，Oaschloch 是奧地利粗魯罵人的話語，德國會說 Arschloch，就是英語的 asshole，所以這句話，可以被翻譯為：「滾吧，你這爛貨！」

當晚，在社群媒體上，無數網友跟著貼上這句話。這是奧地利人面對恐怖主義時的態度：我們不怕你，即使你帶著槍枝，捆著炸藥，以恐怖手段襲擊我們的國家，我們不會退卻，還是會拉開窗戶對你說，「滾吧，你這爛貨！」奧地利報紙《新聞報》（Die Presse）社論寫道，「這句話來自維也納靈魂的最深處（aus tiefster Wiener Seele）。」

德國的報紙《每日報》（taz）於 11 月 4 日專題報導這起恐攻事件時，便在頭版以極醒目標題寫上：Schleich di, du Oaschloch！我們都應該記住這句呈現出維也納人如此直接、帶點粗魯、卻充滿勇氣的方言，這也是世界選擇與維也納團結在一起的方式。

(13) 奧地利媒體自律委員會 Österreichischer Presserat

維也納恐攻那晚，我所有的通訊軟體都收到朋友們轉傳的行兇影像及影片，包括恐怖份子直接對著受害者開槍的畫面，非常殘暴。這個影片帶來的衝擊非常大，因為我（以及我相信許多維

也納人也是）從未那麼近地感受到附近就有恐怖事件，而且那影像記錄的場景就是我們每日經過的地方。槍口下的人，也可能是你我中的一個。

而奧地利的媒體 Oe24 電視及《皇冠報》（Krone）網站立刻登出這段影片。在社群媒體上立刻炸開，人們認為，媒體跨越了紅線。

為什麼媒體不應該公佈行兇影片？其實就算媒體不登，我們早就在手機通訊軟體各種平台上看到了，雖然當晚奧地利警方立刻發佈新聞及推文，要求所有人切勿轉傳相關影像，以免妨礙警方執法，但好奇是人的天性，許多謠言與影像還是不斷湧入我的手機。警方的呼籲並無強制力，人們仍忍不住轉傳，因這終究還是屬於人民的言論自由。

可是即使如此，媒體卻仍不應該刊登，因為作為一種創造公共意見的載具，媒體必須有自己的標準，不是所有的訊息都能是新聞，在那樣的驚魂未定的夜裡，搶快登出這樣血腥的畫面，除了搶收點閱率，還能是什麼目的？媒體無視於此舉將擴大恐慌，也自甘配合恐怖份子。這些屠殺無辜者的激進份子，希望的不就是媒體協助他們散佈恐怖嗎？

Oe24 電視及《皇冠報》本就是奧地利爭議極大、品質不佳的媒體，可是這次事件中，其專業倫理更是往下探底。社群媒體

上，許多網民憤怒地說必須抵制，奧地利各大連鎖超市也發表聲明，表示將撤回在這兩個媒體上的廣告，而奧地利媒體自律委員會（Österreichischer Presserat）更是收到上千封的投訴。

奧地利人以行動表達這樣的立場：媒體有媒體的責任，尤其在社會危難時，更必須堅守。正如媒體自律委員會在其成立宗旨中所強調的：「新聞業有無比重要的民主政治功能，但也同時代表著，必須有責任地處理資訊以及資訊的傳播。」

(14) 開著的門 Offene Tür

維也納恐攻的那晚，不全是驚慌與恐怖，也有人性的一面。

那晚案發時，很多還在市區的人驚惶逃散，不知恐怖份子在哪裡，危險是否已經過去。公共運輸停開，警方呼籲，不要在公共場所逗留，即刻尋求庇護。於是，很多人就近待在朋友家，度過驚魂未定的一晚後再回家。

可是那些在市區沒有朋友的人，怎麼辦呢？讓他們在那個警方追捕兇嫌的時刻，步行走回家嗎？社群媒體上，許多人貼出公告，願意提供逃難者臨時避難處。一時間，#OpenDoors（開著的門）、#OffeneTür（開著的門）、#SchwedenplatzTür（瑞典廣場的門）、#opendoorsvienna（維也納開著的門）成為熱門標籤。

許多人熱心提供一張沙發、一個床或一間房間，在驚恐的時刻為人們帶來一點溫暖。

在案發現場一百公尺左右，有家旅館叫做萬德（Hotel Wandl），恐慌的人們逃進這家旅館，旅館櫃檯立刻接納了他們，當警方宣布外面危險、仍在追捕兇手時，櫃檯立刻打開飯店的房間，讓這些恐慌的人們安全度過一晚。隔天，飯店的 Google 評價上湧入了無數的感謝。

這是野蠻的一晚，但這也是人性的一晚。一位網友寫著：「維也納團結在一起（Wien ist solidarisch）。」確實。不過，團結的不只有維也納，「開著的門」這個團結的態度，於 2015 年 11 月 13 日巴黎恐攻當天也出現，#porteouverte（開著的門，法文）成為展現博愛精神的標籤；2016 年 7 月 23 日慕尼黑購物中心槍擊案，#OffeneTür 也傳到德語區。要對抗恐怖主義，也許對急難中的陌生人伸出手來、打開家門，正是最好的武器。

那些開著的門，提醒我一句德國前總理施密特（Helmut Schmidt）的名言：「品格，會在危機中被證實（In der Krise beweist sich der Charakter.）。」

15 死亡，這一定是個維也納人
Der Tod, das muss ein Wiener sein

　　許多奧地利作家都曾經寫過維也納人對於「死亡」意象的著迷。這個古老的帝都，確實有很多與死亡相關的景點，例如無數音樂家、文人、藝術家埋骨的中央公墓，更不用說史蒂芬大教堂裡埋著的歷任皇家成員遺骨，更是奧地利人的朝聖之處。在教堂祭壇旁，刻著這樣一句拉丁語：Optima philosophia et sapientia est meditatio mortis，意思是：能思考死亡，是最高的哲學與智慧。歌手克萊斯勒（Georg Kreisler）曾於六〇年代發行一首知名歌曲《死亡，這一定是個維也納人》（ *Der Tod, Das Muss Ein Wiener Sein* ）。這些都可以看出，死亡，這主題也是維也納的一部分。難怪維也納的畫家及藝術教授鄭思（Herwig Zens）便說，每一個藝術家在維也納駐留六個月以上，都一定會在作品中處理一次死亡的主題。

　　奧地利演員夸爾廷格（Helmut Qualtinger）也以這句名言說他看到的死亡迷戀：「在維也納你必須先死去，然後，人們才會讓你復活並為你讚頌。但是，自此之後你會永存。」

　　我翻閱一本雜誌時，看到維也納殯儀館刊登的廣告。這個公家單位非常活躍，在社群媒體上也是，另外還在中央公墓開了博

物館，館內商店也販售喪葬相關「紀念品」與文創商品。在這個博物館，我看到許多拿死亡開玩笑的方式。

例如，有個運動輕便後背包，寫著 Ich turne bis zur Urne。那是一個諧音梗，中文不太好翻譯笑點，意思是，我進到骨灰罈那時才會停止體操運動。另外，也販售衣服，上面印著：Ich lese, bis ich verwese，也是諧音梗，verwesen 這個動詞是形容生物死亡後遺體逐漸腐壞，這件衣服正是驕傲地宣告：我讀書，直到腐朽為止。

很難想像在我們的文化裡這樣拿死亡玩文字遊戲，台北市立殯儀館出這樣的商品應該不會叫座吧。

16 維也納的幽靈 Spuk in Wien

正因為維也納人熱愛「死亡」文化，我甚至買到一本書《維也納的幽靈》（*Spuk in Wien*），敘述這座古城鬧鬼的故事。其中有一則淒美無比維也納故事，令人印象深刻。

作者紀錄維也納埋葬無名者公墓（Friedhof der Namenlosen）的守墓人講述的故事，那是他從其父親那裡聽來的老故事。1930 年代，富家子弟阿諾（Arnold Moser）與自小由母親養育長大的貧家女傅蕾妮（Vreni）相戀，私訂終生，但阿諾的父親只能接

受一樣來自上層階級的對象，強迫兩人分手。阿諾抵抗不過父親的壓力，只能哀傷地離開他的未婚妻。

傅蕾妮的心碎了，更糟的是，不久後，她發現自己懷孕了。她沒法放下自尊告訴阿諾這件事，在那個保守的年代裡，未婚懷孕在維也納社會會引來許多質疑與批判眼光。加上自己的家境不堪，她實在不知未來何去何從，站在多瑙河畔，決定投河自盡。她在留給阿諾的遺書上寫著：「請原諒我，我帶走了你送的戒指。終有一日，我會還給你的。」

幾天後，多瑙河扶起一具女屍，浮腫無法辨識，但手上帶著一只戒指，上刻著：A.f.V.，意思是「阿諾獻給傅蕾妮」（Arnold für Vreni）。她被葬在這座無名者墓園。

知道未婚妻死訊後，阿諾悲慟不已，不願再住在這座沒有傅蕾妮的城市，便離家出走。他去了美洲新大陸，賺了錢，華髮已生時，返回維也納，在墓園附近買了房子。他終生未娶，每日不管晴雨，都到傅蕾妮墳上與她說說話，日子久了，也跟守墓人相熟，遂說起這個傷心的故事。他說：「她答應我，有日會來找我，把戒指還我。我還在等待那日。」

某日暴雨，多瑙河暴漲，阿諾從墓園返家途中被困在河畔，遂到相熟的漁人家中躲雨，誰知雨勢不歇，他被迫在漁人家中過夜。半夜漁人被驚醒，見到一個不知名年輕絕美女子在其家中，

取下手上的戒指，戴在白髮老人阿諾手上後，向阿諾示意跟她走。於是阿諾起身，跟著女子推開門，走入了大雨的深夜。漁人透過窗戶，見到兩人一步一步走向了多瑙河。

幾天後，匈牙利境內的多瑙河浮起一具無名男屍。一位老者，浮腫無法辨識，手上戴著一枚戒指，上刻著：A.f.V.。多年後傅蕾妮信守承諾，終於歸還了定情戒指。

讀這個故事時，我想到愛情與死亡之間的關係，如此曖昧。讀畢，我再看了一次那部把維也納拍得無比浪漫的愛情電影《愛在黎明破曉時》（*Before Sunrise*），以前忽視了曖昧中的男女走入無名者的公墓討論死亡那一幕，現在覺得非得如此安排才好，因為生命或愛情的最終目標都是永恆，最深入人心的愛情故事，都離不開死亡。

· 維也納無名者
  公墓入口

(17) 紅色維也納 Rotes Wien

　　走在維也納街頭，四處可見社會住宅，並且，這些社會住宅幾無例外都掛上牌子，寫著哪一年、在誰主政下蓋成。如果仔細看，會發現大部分社會住宅計畫都是在一戰之後到 1930 年代之間完成。這並不令人意外，因為那段時期由社會民主黨勞動黨（SDAP，今日的奧地利社民黨之前身）執政。

　　1919 年 5 月，社會民主黨以 54.2% 的絕對多數選票，開始從 1919 年至 1934 年被稱之為「紅色維也納」（Rotes Wien）時期，或者當時的媒體也稱之「新的維也納」（Das "Neue Wien"）。今日除在街頭時常見到當時留下的市政可見到這段時期的紀錄外，還常常在維也納人口中聽到。2020 年的維也納市議會選舉前，我就見到居住處附近的社民黨黨部櫥窗裡貼出一張「紅色維也納」的海報，上面列舉那些年間完成了多少社會、健康、保險、教育、住宅、財政、運輸政策的改革。這段時期的社民黨所治理的維也納，不只是一座城市，而是一個透過各種試驗、改革、創新的政策思考，而創作出的「總體藝術品」（Gesamtkunstwerk）。

　　要知道，奧地利是一戰的戰敗國，1919 年正是皇朝瓦解、國家殘破、人民窮困、住宅緊缺的時刻，社民黨接下了這個難題，完成了不起的工作，14 年內蓋了 6 萬 4000 間社會住宅，百年後

· 社會住宅的入口
大門上寫著：維
也納建於 1927 年
至 1928 年，經費
來源為房屋建築
稅

· 波蘭尼於維也納的故
居，上寫著 1924 年至
1933 年間，他與家人在
此居住。那正是紅色維
也納最好的時期。

的今天仍然嘉惠維也納市民。

這些社會住宅不只是住宅而已，還是對舊秩序的革命宣言。我住處附近的社會住宅，上面掛著大字寫著「人民住宅」（Volkswohnhaus），這是第一次政府施政主要考慮的對象是大眾，紅色維也納宣告了政治不再是為了既得利益者，而是為了底層者。親身經歷了維也納的紅色時代、後來流亡美國的社會學家波蘭尼（Karl Polanyi），他在維也納的故居就在這「人民住宅」旁邊。他這麼回憶紅色維也納時期：「維也納達成了西方歷史上最燦爛的文化勝利。」誠哉斯言。

(18) 勞動的人哪已覺醒！ Mann der Arbeit, aufgewacht!

我在維也納上班的附近，有一處有名的社會住宅，被稱為「拉薩爾院」（Lassalle-Hof），位在拉薩爾路上。這是「紅色維也納」時期蓋的社會住宅，以拉薩爾（Ferdinand Lassalle）命名，是為了紀念這位德意志工人運動、社會民主黨的創設人之一。

拉薩爾是馬克思任職於《新萊茵報》（*Neue Rheinische Zeitung*）時的同事，深受馬克思影響，積極投入研究左派政治經濟學理論並從事勞工運動，批判資本主義產業模式中對勞工薪資的剝削。1863 年他創立了全德工人協會（Allgemeiner Deutsche

Arbeiterverein），也就是後來德國社民黨的前身，這個協會也影響了後來成立的奧地利社民黨。所以維也納在社民黨執政的紅色時期，便以他之名命名社會住宅，雖然拉薩爾與維也納其實沒什麼淵源。

全德工人協會成立時，革命詩人賀維格（Georg Herwegh）寫了一首廣為傳唱的會歌，詞意激昂，其中兩句如下，可看出當時在拉薩爾號召下所有從事工運者的壯志：

· 拉薩爾院中
的紀念碑

「勞動的人哪已覺醒！認清你的力量！

所有轉輪都會停下，如果你強悍的臂膀願意的話。」

（Mann der Arbeit, aufgewacht! Und erkenne deine Macht!

Alle Räder stehen still. Wenn dein starker Arm es will.）

不過可惜的是，拉薩爾擔任協會主席僅一年便過世，沒來得及實現他的政治理想。1864 年，拉薩爾死於日內瓦時，才 39 歲，死因是與情人的先生決鬥，受槍擊身亡。

順帶一提，維也納的拉薩爾路經歷多次改名，完全可以反映奧地利近代歷史。

1919 年以前這條路叫魯道夫王儲之路（Kronprinz-Rudolf-Straße），一戰結束，帝國瓦解，紅色維也納時期開始，路名去帝國化，改為拉薩爾路（Lassallestraße），三〇年代奧地利走向法西斯化，這個紀念左派政治人物的路名不為當局所喜，1934 年遂改名為帝國大橋之路（Reichsbrückenstraße），直到 1949 年，再改回拉薩爾路，迄今未再更名。然而，這四次命名，分別代表了奧匈帝國、第一共和、與第三帝國合併、第二共和，四個時期的時代精神。這是一個與國家命運緊緊相聯繫的路名。

19 起點 Ausgangspunkte

「紅色維也納」作為總體藝術品，不只是社會住宅大量出現在城市景觀中的時期，住宅中的那些人們也告別其宿命。那也是工人啟蒙的時期。

讀哲學家波普（K. R. Popper）的自傳《起點：我的思想發展》（*Ausgangspunkte: Meine intellektuelle Entwicklung*）關於那段時期的紀錄，印象深刻。1920 年代，波普正在維也納大學讀書，他說起 1920 年代的氛圍時，非常感動。他很佩服工人運動的領導者與參與者，年輕的他看到當時的工人們積極自我啟蒙，也幫助他人成長，不分老少都帶著影響歷史的使命感。他們下了工後，自發地組成讀書會，一起教育自己的孩子，一起去社區學校，也參與學校改革、住宅改革等等切身相關的政策。

波普寫道，當時的工運令人讚嘆，工人們自覺地追求自身的再教育，登山取代了酒精，閱讀好書取代了通俗小說，參加勞動者辦的交響樂音樂會以及聆聽古典音樂取代了通俗音樂。這個美好而精彩的時期，一直持續到 1930 年代法西斯主義摧毀了一切為止。

波普後來非常仔細地閱讀社會主義與共產主義的著作，並觀察左派政治的道路，還是覺得自由高於平等，認為左派對平等的

盲目追求，最終將損及自由，後來寫出《開放社會及其敵人》（*Die offene Gesellschaft und ihre Feinde*），終生在思想上與馬克思主義鬥爭。可是，這樣一個反對左派思想的人，年輕時也是個社會主義者，也曾說接觸馬克思主義是其思想發展上最重要的事件之一。這樣的發展並不令人意外，因為他正是一位在「紅色維也納」中長大的孩子。

⑳ 歐托—華格納綠 Otto-Wagner-Grün

維也納除了是紅色的，也是綠色的。因為遍佈市中心、充滿歷史特色的「歐托—華格納綠」。

我時常騎單車去維也納城市公園，總會在公園旁橋上看著橋下電車通過，橋上欄杆上的鐵製綠色太陽花裝飾，是一百多年前留存至今、非常美麗的時代藝術。

維也納市民一定知道這種綠色。不只軌道旁綠色欄杆，在許多維也納的電車站、地鐵站，大門、站名都漆上這種深綠。多瑙運河沿岸的欄杆、普拉特公園的路燈也是這個顏色。在維也納人的口中，暱稱為「歐托—華格納綠」（Otto-Wagner-Grün）。

這個名稱來自建築師歐托・華格納。他最重要的作品是維也納電車站，於 1898 年至 1901 年間興建，完美展現了維也納的青

· 不管是車站、公園還是運河
  旁,維也納到處可以看到這
  種綠色,是市民的集體記憶

年風格（Jugendstil），今日只要去格斯霍夫（Gersthof）、賀納爾斯（Hernals）、歐塔克林（Ottakring）等車站即可看到保存的相當好的一百多年前的風貌。這些電車站使用大量的綠色，也因此，市民形容這是「城市電車綠」（Stadtbahngrün），或者乾脆稱之為歐托─華格納綠。

2018年，聯邦文資紀念局（Bundesdenkmalamt）擬藉著歐托·華格納逝世百年時機，整修他當年興建的車站，一方面，年久原因使得部分建築確實已有損傷，甚至可能不再安全，另一方面，也試著找出增加無障礙空間，卻又能盡量維持建築原貌的折衷工法。當時，市民們質疑，文資局整修車站，是否將破壞歐托─華格納綠？結果專家考察後才破解這樣的迷思：今日市民們理解的所謂歐托─華格納綠，其實是在二戰後才被漆上的，至於為什麼選擇這種顏色？與原來歐托·華格納使用的顏色是否相同或相似？無法確定。

但無論如何，文資局整修時，還是得保留歐托─華格納綠，這種綠色已經成為維也納市民集體記憶的一部分，不管是不是歐托·華格納所留下的。

(21) 永續的維也納 Wienachhaltig

路上見到維也納大眾運輸公司的廣告看板，寫著一句標語：「Wienachhaltig」。

其實德語裡並不存在這個字，這是廣告人的創意，將 Wien（維也納）與 nachhaltig（永續）合併造字。所以這個字，可以被理解為：永續的維也納。

不過，趣味的是，這不是唯一解法。Wienachhaltig 也可拆解成：wie（多麼）nachhaltig（永續），這個字就是在讚嘆，維也納是多麼永續的一座城市！ Wie nachhalting ！

另外，即使不在當代注重環保的精神下看待維也納，我也覺得維也納向來即有「永續」的精神。在那些舊貨市場上、在老書店裡、在音樂廳與博物館中、在百年的咖啡店裡，總是可以感受到很多東西抗拒著時代變化的力量，穿越了歷史被留存下來，成為當代的一部分。大作曲家馬勒說過這句話，「如果世界會毀滅，我會搬到維也納，因為那裡發生的一切，都會遲到五十年。」維也納也許不會永恆不變，但是一切都會慢慢來吧，不急，先喝杯咖啡再說。

(22) 選舉與選擇 Wahl

2020 年 10 月，維也納市長選舉。社會民主黨的現任市長路德維希（Michael Ludwig）率領他的黨，毫無懸念拿下近半數選票，繼續執政。

隔天，奧地利《新聞報》（*Die Presse*）的頭版標題寫著：「Ludwig hat die Wahl（gewonnen）」。為什麼有個括號？這是非常有意思的一句話，可以從兩方面來解讀。

首先，路德維希帶領社民黨拿下 42% 以上選票，贏了這場重要的選舉。所以說，路德維希贏了選舉（Ludwig hat die Wahl gewonnen）。

但是歐洲為內閣制，如果沒有超過絕對多數，通常必須找合作的政黨組成聯合執政團隊。因此現在第一高票的路德維希，有選擇合作者的權利（Ludwig hat die Wahl）。

Wahl 具有「選舉」及「選擇」兩義，這個標題以一個括號同時說出了兩個句子中的兩個不同、卻又因果相連的意義。歐洲一流媒體下標功力之深，一字不動，意義兩可。

也在這個意義上，才能貼切理解德語這句話：Nach der Wahl ist vor der Wahl（選後即選前；選舉一結束，便將開始另一場選舉）。

23) 五十歐元對你沒差嗎？ **Sind 50 Euro dir auch wurst?**

在維也納的街道上，有草地的地方常可看見這樣的告示牌。一隻小狗叼著一塊牌子，上面寫著：「五十歐元對你沒差嗎？（Sind 50 Euro dir auch wurst?）」

這告示是在警告遛狗人，在寵物排便後，切記一定要清理帶走，否則，將被罰以五十歐元（之前是 36 歐元，當時一模一樣的牌子上面寫著「36 歐元對你沒差嗎？」，大概是效果不彰，後來改成五十歐元）。

這裡用到的片語，直接理解可以說是「五十歐元對你來說是香腸（Wurst）嗎？」德語裡口語常說 Das ist mir wurst（這裡 wurst 轉成形容詞，所以用小寫），意思是這對我來說是香腸，也就是我不在乎、沒差。有些地方會寫成 wurscht。為什麼會用香腸來描述無關緊要的事情？

可能的解釋是：通常，肉舖在處理完肉之後，剩下的肉屑、殘餘物、甚至內臟，不知如何利用，便加工製成香腸。因此，「這對我來說是香腸」，就是指這些東西沒什麼意思、對我來說沒什麼價值，或我不在意、該怎麼處理我沒意見。

不過這種解釋並非定論，也有其他可能答案。有學者認為，可能此典故來自香腸的形狀，香腸的兩端都一樣，從哪裡切或吃

都沒差。這個解釋也合理，因為德語裡也有一個相關諺語：「一切都有一端（指終點），只有香腸有兩端（Alles hat ein Ende, nur die Wurst hat zwei）。」

還有另外一個與香腸有關的諺語：Wurst wider Wurst，是對於《聖經》裡的「以眼還眼，以牙還牙」（Auge um Auge, Zahn um Zahn）的另類戲謔表達，以香腸還香腸。不過據說這個成語來源於古老日耳曼族人在宰殺動物時互相贈肉的習俗。

而另一句 eine Extrawurst bekommen，就是多得到一條香腸，意思是獲得優待。德語區的人真熱愛香腸，語言中處處是線索。

· 警告遛狗人應拾
狗便的告示牌

24 其他地方也沒比較好

Woanders ist es auch nicht besser

　　我在維也納買了一張明信片，上面是維也納的街景，寫著：「其他地方也沒比較好（Woanders ist es auch nicht besser）。」

　　這句話有意思的地方是在，說出了維也納人對自己這座城市的喜愛，可是這喜愛又不是一種完全正面的情感，還帶著維也納人的自嘲。「其他地方也沒比較好」，沒說出的話是，我覺得這地方不好。這就是對維也納的愛與恨。即使我覺得這地方不好，不過，我還是寧願住在這裡，因為離開這裡也沒比較好。

　　我在臉書上貼出這張明信片照片後，一位住在德國魯爾區的好友留言道，在他們那裡有類似的說法，只不過，魯爾區的人更直率一些：Woanders ist auch scheiße（其他地方也很屎）。

　　我在魯爾區求學過，很能理解這句話，確實道出那個工業區居民的心聲。德國其他地方的人都喜歡嘲笑魯爾區，認為沒有美麗的大自然，只有醜陋的工業建築。我剛到維也納時便讀過一篇德國駐奧地利大使的文章，說奧地利人知道他來自魯爾區，都對他投以憐憫眼光。當然這些都是成見，可是成見極難打破，魯爾區的人們也不想浪費精力爭吵這件事。他們多半直接咒罵：你們說我們這裡糟透了，我看其他地方也是坨屎。

2014 年，來自魯爾區的作家提姆・索爾（Tim Sohr），寫了一本描述九〇年代魯爾區青少年的幽默成長小說，大受好評，就叫《其他地方也很屎》（*Woanders is' auch scheiße*），粗魯而直接的語調。我好喜歡這本小說，想起許多年前住在那個地方時的學生生活，書中大量出現的九〇年代音樂也喚起我年輕時代的回憶。好吧，對於覺得魯爾區根本沒人們說得那麼糟的我來說，其他書名沒比較好。

㉕ 拯救一整個世界 die ganze Welt retten

我想記下一個名字：歐薩瑪・游達（Osama Joda）。他是 2020 年維也納恐攻事件中的英雄。

23 歲的游達是瑞典廣場上一家快餐店的店員，那一晚，他正在街上把桌椅搬進來，協助打烊，突然，他看到了街上恐怖分子正在掃射行人，慌亂中，他躲到街道水泥座椅後。這時，兩位警察抵達，與恐怖份子開始交火，其中一位中槍倒地。兇手逃逸。游達不顧兇手隨時可能再出現的危險，將負傷警察拖到水泥座椅後，打電話給救護車並試圖止血。後來，他幫忙將警察抬上救護車，急救後性命無礙。

這位英雄，是來自巴勒斯坦的移民。他曾經不被維也納城市

接受（據說，因為他的族裔及伊斯蘭信仰，使得他在維也納置產的計畫被區政府拒絕），可是正是這樣的外來者，勇敢地救了維也納的警察。他說，父母總是教他：「拯救一人性命者，即拯救一整個世界（Wer einem Menschen das Leben rettet, rettet die ganze Welt）。」

多好的一句話。這句話在德語區時常被引用，據說出自猶太教經典。一位穆斯林，引用一句猶太經典，那麼自然，不管你來自何種信仰，總能散發人性的光輝。

別搞砸了 Bau keinen Mist

維也納街頭四處有公共垃圾桶，據說整個市區設置了接近兩萬個。每個垃圾桶上面都有一些市政宣導標語，因為垃圾桶隨處可見，因此這種文宣方式很有效，此外，我也覺得很有趣味。舉幾個例子。

「請餵我！」（Bitte füttern!）

「為您 24 小時開放。」（Für Sie rund um die Uhr geöffnet.）

「我需要更多投入。」（Brauche mehr Input.）

「是的，我們能清潔！」（Yes, we clean! 這是借用歐巴馬的口號 Yes, we can!）

「這裡，餵我！」（Hier füttern!）

「再見了，垃圾。」（Hasta la Mista，把 Mist（垃圾）這個字西班牙語化，戲謔地改寫西班牙語的再見，hasta la vista）

「我沒那麼難搞。」（Bin ned haglich，維也納方言）

　　維也納市政府曾經辦過市民線上投票，選出他們最愛的標語。不知票選結果如何，但我最喜歡這句：Bau keinen Mist。Mist 原意是動物的糞便，因為是髒東西，也可以引申為搞砸了什麼事。當一個人自嘆倒楣時，也會咒罵「Mist!」。不過，在奧地利德語中，Mist 也是垃圾的意思。而 Mist bauen 就是弄出了一堆屎，也可以說弄出一大堆垃圾，引申為完全搞砸了（有個同義詞是 Scheiße bauen）。寫在垃圾桶上的 Bau keinen Mist，意思是別搞砸了，當然也是告訴市民：別亂丟髒東西！

・「再見了，垃圾。」
維也納處處可見的垃圾桶。

27　永不忘記 Niemals vergessen

　　說到紅色維也納，或者維也納的社會住宅，不能不談已成傳奇的卡爾・馬克思大院（Karl-Marx-Hof）。

　　一次世界大戰結束後，執政的社民黨為了解決維也納住宅不足問題，在第十九區的海利根施塔特（Heiligenstadt）建設這個龐大的集合住宅區，其名稱來自為無產階級發聲的德國哲學家馬克思，可見當時維也納市政府想藉這個大型建案改善勞動者生活處境的雄心壯志。

　　這一區的集合住宅，共有 1382 間公寓，約可居住五千五百人，總長近一千兩百公尺，迄今仍是世界紀錄。其中有學校、超市、公園、洗衣房、泳池、社區中心等公共設施，公設佔比很高（總面積 156027 平方公尺，建築物僅佔 28751 平方公尺），每間公寓也不狹窄，即使今日看來，還是非常進步。這是建築史上的巨大實驗，每年有來自全世界的建築迷來此參觀，而且也是政治史上的社會主義建設奇觀。所以戰後，奧地利還曾為之發行郵票。

　　不過，卡爾・馬克思大院也有一段陰暗歷史。

　　在奧地利法西斯化後，厭惡左派的極右派分子自然不會容忍維也納所有與左派有關的名稱，於是強迫卡爾・馬克思大院改名

海利根施塔特大院（Heiligenstädter Hof）。除了更名外，在納粹佔領時期，其中的住戶也因為種族身份被逐出自己的公寓，許多人流離失所，最後在集中營結束殘生。

1945 年戰爭結束後，這個大院又正名回卡爾・馬克思大院。而今日其大門牆上，釘上了一塊紀念碑，寫著：「解約原因：非亞利安人。1938 至 1939 年，有 66 個家庭被國家社會主義者趕出了卡爾・馬克思大院，其中有部分人成為大屠殺的受害者。」

那些犧牲者的名字就被刻在上面，結尾寫著：永不忘記。

· 紀念被逐出大院之受害者的碑文

· 大院正面，以及 1930 年一併落成的雕像「播種者」（Der Sämann）

克服陰暗的過去
Vergangenheitsbewältigung

28 石里克 Schlick

哲學家莫里茲・石里克（Moritz Schlick）當年被挖角來維也納大學後，建立了發展邏輯實證論的維也納學派。1936 年 6 月 22 日，石里克被一位偏執的學生槍殺，那是他自己指導的博士。今日，他受害之處，即維也納大學主樓階梯，地板上鑲嵌了紀念碑，讓世人記得這位不幸的哲學家。

他是個偉大的人，不只智識上，人格亦然。德語維基百科上記錄了這段往事。其中提到石里克來到維也納前，在德國羅斯托克（Rostock）大學拿到教授資格及任教。1919 年，在羅斯托克大學紀念創校五百年時，決定選出五百位傑出學者。但是當時校方並未選入愛因斯坦這位偉大的物理學家。石里克知道後，抗議此事，堅持校方不能無視愛因斯坦。最後，校方不得已，只好把愛因斯坦放入這個五百強學者名單。可是當時除了醫學系以外，所有學系已經確定了自己的人選，所以最後由醫學系「認領」愛因斯坦，將他放進傑出名單裡並授予榮譽博士學位。

於是，這位物理學天才所唯一獲得的德國大學榮譽博士學位，居然是醫學領域。而這必須歸功於石里克。

這樣一個人為什麼會被學生槍殺？這位學生自身偏執，而且因為自己的資質，完成博士論文後繼續走學術路線的希望渺茫，

遂遷怒其老師。不過，石里克的猶太人身份，可能也是讓他成為受害者的原因。1936 年 7 月 12 日，報紙上一位叫做奧斯特利亞庫斯（Austriacus）教授——明顯是化名，因為 Austriacus 正是拉丁語的奧地利，寫了一篇文章談石里克之死：「現在猶太人社群孜孜不倦把石里克形容為最重要的思想家，我們都清楚為什麼，因為這個猶太人是天生的反形上學者，他喜愛邏輯論的哲學、數理哲學、形式論以及實證論，這些特質都集中於石里克一身。但我們要提醒，我們基督徒生活在一個基督教的—德意志的國家，我們必須決定，什麼樣的哲學才是好的以及適當的。」

· 石里克被殺害處紀念碑

哲學是學術，然而對納粹以及種族主義者來說，哲學只是彼此鬥爭的不同世界觀，你信奉什麼樣的哲學，並非一種學術抉擇，而是因敵友不同身份看待世界的差異。

（29） 論民主的本質與價值
Vom Wesen und Wert der Demokratie

去奧地利歷史博物館看現代奧地利國家成形歷史，法學家漢斯‧凱爾森（Hans Kelsen），是在這段歷史中無法被忽視的名字。

凱爾森生於奧匈帝國時期的布拉格，於維也納求學並任教，是法律實證主義大師。1919 年，奧地利進入皇朝崩毀後的共和國新時代，凱爾森受委託設計憲法草案，他於 1920 年出版《論民主本質與價值》（*Vom Wesen und Wert der Demokratie*），說明其堅持議會民主制度的政治哲學與憲法思想。這本書可說是第一共和的憲法使用手冊。

1929 年，奧地利政府希望擴張總統權力，修憲擴張總統實權且計畫總統直選。凱爾森認為有違議會民主制度精神，遂於同年改版其《論民主本質與價值》，細論議會民主才是王道。

另外，那次修憲也讓政府提名憲法法官，而非由議會選任，凱爾森也認為這不符合他當初的制憲精神。因為政治立場與當時

的政府不同，凱爾森辭去憲法法官職位，於 1930 年離開了維也納，轉至德國科隆大學任教，之後在納粹上台後，身為猶太人的他被強迫退休。他遠走美國，在柏克萊大學教政治學。這本書的手稿也跟著他去了新大陸。

多年後，透過外交協議，這本與奧地利憲法息息相關的書稿，終於回到奧地利。這是一本與奧地利民主建立與毀壞與再建立息息相關的民主聖經。我在博物館裡看他手寫書稿，細心閱讀，不願移步，因我知道，有些文字有改變人類歷史的力量，眼前那本書正有這樣的力量。

(30) 沉默是不被允許的
Es ist nicht zulässig zu schweigen

在維也納市區，有一個小小的李昂—澤曼公園（Leon-Zelman-Park），當年這裡曾是阿斯潘火車站（Aspangbahnhof）。

公園裡設置一個雕塑藝術，平行的兩個水泥條，象徵鐵軌與月台。這兩個水泥條深入一個黑暗的隧道中。那黑暗，象徵死亡、空無與遺忘。因為，當年在這個車站，非常多奧地利猶太人坐上開往東歐集中營的火車，走入了死亡。

車站從 19 世紀下半葉開始營運，但是維也納人較少使用這

個位於第三區的車站，因此，1939 年，在納粹開始實施解送猶太人到集中營的政策後，這個車站就成為理想的起點。據史家估算，奧地利死於大屠殺者超過 6 萬 6 千人，而阿斯潘車站送走了 47035 人。對大部分受難者來說，這是他們告別家鄉與家人之處，這是絕望之處。

1970 年代車站被拆除，但是這段歷史不應該被遺忘。維也納市設置了這個紀念雕塑，一根水泥條上寫著：47035 人被解送；另一根上寫著：1073 人存活。一旁的解說牌上刻了大屠殺倖存者普利摩李維（Primo Levi）的話：「遺忘，是不被允許的；沉默，是不被允許的。倘若我們沉默，還有誰會說？（Es ist nicht zulässig zu vergessen, es ist nicht zulässig zu schweigen. Wenn wir schweigen, wer wird dann sprechen?）」

㉛ 學術高中 Akademisches Gymnasium

在維也納市中心的貝多芬廣場旁邊，有一所學術高中（Akademisches Gymnasium），這間學校由耶穌教士成立於 1553 年，比世界上多數大學還要古老，極富人文傳統，多年來培育出無數菁英中的菁英。

學校的外牆上掛著許多招牌，上面刻著傑出校友的名

字，甚至許多東歐政治家都曾經在此求學，這些都是影響世界史走向的人。除了許多政治家外，奧地利憲法之父凱爾森（Hans Kelsen）、經濟學奧地利學派的開創者米塞斯（Ludwig von Mises）、一生寫出無數描繪維也納風貌文章的作家阿爾騰貝格（Peter Altenberg）、維也納小說家史尼茲勒（Arthur Schnitzler）、諾貝爾物理獎得主施洛丁格（Erwin Schrödinger）、被稱為原子彈之母的物理學學者邁特納（Lise Meitner）等人都在其列。

　　不過，外牆上不只掛著傑出校友，更值得注意的是，也有幾塊石碑敘說學校的不光彩歷史。因為 1938 年奧地利進入法西斯

・學術高中的外牆寫著：我們紀念那些於 1938 年因身為猶太人而必須離開學校的師生。

時期，學校驅逐了猶太人師生，其中部分人因而被解送到集中營。而在學校開始宣布驅逐猶太師生前，已有不少學生感受到敵意，主動離開了學校。最後，大約有 50% 學生退學。當時清除猶太人的學校，委婉稱之為「學校改組」計畫（umgeschult），其實正是政治迫害。

現在，外牆上一塊牌子寫道：「我們紀念那些於 1938 年因身為猶太人而必須離開學校的師生。」此外，還有幾塊石碑也紀念了這段不光彩的過去，並說明這幾塊石碑是從納粹黨人大會舉辦地—紐倫堡運來的，許多這樣的石碑，是由當時在集中營的囚犯被強迫勞動所製成。

一間名校必須記得它的榮耀，也必須記得它可恥之處。沉默，是不被允許的。

㉜ 華麗之廳 Prunksaal

我一搬到新地方，就會去辦好所有該辦的圖書館借閱證，例如市立圖書館、大學圖書館，當然還有國家圖書館。到了維也納後，自然也去申辦了奧地利國家圖書館的年證。

這間超過六百五十年歷史的奧地利國家圖書館，其中一廳叫華麗之廳（Prunksaal）。依據國家圖書館網站介紹，這個廳的中

文名稱為普隆克廳，但其實 Prunk 就是華麗、壯麗之意。為什麼這個廳有華麗之名？因其建築甚為雄偉，其館藏也非常驚人。接近三百年前，在皇帝命令下，這座皇家圖書館落成並收入無數書籍，現藏有二十萬冊中世紀存下的古書，無數珍貴的手寫本，許多珍本被定為聯合國文化遺產，絕對不愧其「知識藏寶庫」（Schatzkammer des Wissens）之名。

不過，這個圖書館值得了解的，不只是這個華麗之廳的歷史，還有其黑暗歷史。

· 奧地利國家圖書館的華麗之廳。

1938 年，納粹併吞奧地利後，政治的手伸進所有政府機關，作為文化機構的國家圖書館也不能倖免。當時的館長比克（Josef Bick）是個反納粹者，立刻被解職並解送進集中營。來自柏林國家圖書館的海格爾（Paul Heigl）接管奧地利國家圖書館後，發動人事改組，解僱不符合納粹意識形態的館員，完成「同步化」。在他領導下的圖書館，大門很快掛上了告示牌：「猶太人不得進入」（Juden ist der Eintritt verboten）。

華麗的背後，往往也藏著未被看見的醜惡之面貌。

(33) 奧地利之終結 Finis Austriae

逛奧地利歷史博物館時看到一份歷史文件，是張投票單，印著：「您同意 1938 年 3 月 13 日完成的奧地利與德意志帝國再統一，並選擇希特勒當我們的元首嗎？」

1938 年三月德軍進入奧地利，後來文化界以一個拉丁語稱 1938 年的 3 月：Finis Austriae，「奧地利之終結」。不過，這並不是一次軍事佔領，事後奧地利舉行了追認的公民投票，有效票中 99.7% 左右支持併入納粹德國，承認希特勒為其元首。幾乎所有人都在這張選票上勾了「是」。

這樣誇張的支持率其實是操弄出來的，那次投票並非秘密投

票，贊成的圈票處也比反對大上很多，監票人員嚴密盯著你到底勾選哪個地方。甚至，連選票上公投的字眼也不是你贊不贊成這次合併，而是贊不贊成「再統一」（Wiedervereinigung）？

然而諷刺地是，德國與奧地利，從來沒有所謂的「統一」，又怎麼會有再統一呢？

但當然，即使沒有這樣的操弄，我想這個公投也會支持「再統一」的。《維也納學派》（Der Wiener Kreis）一書講述當年維也納大學歷史的一章，有張照片，維也納大學的師生們在該校大門階梯上展示其效忠納粹的決心，階梯上站滿了人，每個都舉起右手向希特勒致敬。照片拍攝於 1937 年，德國根本尚未「再統一」奧國，但許多人已熱切期待擁抱大德意志方案。

在那樣的氛圍與制度下投下贊成，完全是可以理解的。我對那 0.3% 的人充滿敬意。

· 追認德國合併奧地利
  的公投投票單，可見
  贊成的圈票處較大。

（34）英雄廣場 Heldenplatz

維也納市中心，國會旁的廣場名為「英雄廣場」（Heldenplatz），我時常去那裡，因為旁邊就是國家圖書館。這個廣場，見證無數奧地利歷史，也許最重要的一次，就是德國吞併奧地利後，希特勒在此面對全奧國人民，發表了勝利的宣言。

奧地利國家廣電製作的紀錄片《1938年：「合併」》（*1938: Der "Anschluss"*）中可以看到，希特勒在英雄廣場現身的那一天，整個維也納商店暫停營業，人們湧入廣場，水洩不通。早上十點開始，希特勒激動地對著廣場上的人發表演說：「作為德意志民族與帝國的元首及總理，我面對著德意志歷史，在此宣佈，我的家鄉現在起加入德意志帝國！」這一天，在這個廣場上，決定了奧地利的命運與歷史。

這個「英雄廣場」因為承載了過多的歷史與政治遺產，是極右派份子喜愛遊行、展現其力量之處。也因為其名稱「英雄」，實在有太多強人色彩與軍國主義影射，2017年時，教育部長遂倡議改名，例如，史家拉特寇爾伯（Oliver Rathkolb）認為這個廣場上的雕像，紀念的是奧匈帝國時期的英雄，今日奧地利已經是完全的民主國家，何必再留下這樣皇朝時代、甚至納粹污染過的地標？建議不稱為英雄廣場，而改稱為民主廣場，並紀念那

· 英雄廣場，後面即是國家圖書館，其陽台即為希特勒宣布「合併」處

些在奧地利民主歷史中有功的真正英雄們。但是反對黨認為，這是過於政治正確、過於左膠的矯枉過正作法。便有國會議員嘲諷說，要不要乾脆改名為馬克思廣場？或者歡迎難民廣場？

後來改名之倡議被拒絕，英雄廣場始終仍是英雄廣場，但是人們確實應該不斷思考並自問，真正應當被寫在史冊中的英雄，究竟應該是哪些人。

(35) 為公共福祉之故 aus Gründen des öffentlichen Wohls

維也納大學主樓拱廊中庭，除了榮耀那些偉大的學者，也有一個特別的紀念碑，記錄納粹時期維也納大學的事。

1938 年德國「合併」奧地利後，奧地利許多機關及協會主動配合納粹意識形態，積極完成同步化（Gleichschaltung，或者也可翻譯為一體化），除了政治教育上配合納粹世界觀，在內部人事調整上也亞利安化、去猶太化，維也納大學也不例外。

當時醫學院非常積極地去除猶太以及左派政治立場者，醫學院的 321 位教員及醫師、醫學生，有 175 位被校方以「為公共福祉之故」（aus Gründen des öffentlichen Wohls），強迫離開大學。其中有記錄的，125 位後來流亡國外，3 位自殺，至少 4 位死於集中營。

六十年後，校方在這個主樓的學者大殿，於一百多位學者雕像中，釘上一塊非常特別的紀念碑。上面寫著：「悼念那些在納粹統治時期，因為種族或者政治原因而被迫害、放逐、謀殺的維也納大學醫學院的教員以及學生們。立碑悼念者，以及同負罪責者：醫學院，1998 年。」

　　「福祉」（Wohl）這個字，是人處於幸福（Glück）狀態。有一個片語「das Wohl und Wehe」（或寫成 das Wohl und Weh），意思是「幸福與苦難」，就是人所遭受的命運。字典例句：「每個人都為了社會的命運同負責任（Jeder trägt Verantwortung für das Wohl und Wehe der Gesellschaft）。」在維也納大學的反猶歷史中，我們沒有見到真正的公共福祉，見到的是人類集體宿命中的巨大苦難。

· 維也納大學主樓拱廊中庭
　醫學院紀念碑

維也納高等法院外有塊不起眼的悼念碑，上頭用德文及英文寫著「369 週」。指的正是奧地利接受納粹統治的時間。

如何看待這 369 個禮拜中奧地利的角色？這一直是奧地利歷史學者與政界的爭執點。二戰末期，奧地利開始有些人主張，奧地利並非納粹德國的共犯，而是受害者，其受害日期就是在 1938 年。這就是一直以來流行的「第一個受害者」之說。

可是這樣的說法，實在很難解釋 1938 年時那次全國通過的公投，那麼多人追認納粹德國佔領奧地利的正當性，那麼多人願

· 維也納高等法院外的
  悼念碑

意「再統一」，稱希特勒為他們的元首；很難解釋在那 369 週內，那麼多奧地利機構配合執行同步化政策，配合設立強迫勞動營。無數猶太人就從維也納各車站被解送到東歐的集中營，而這解送的過程裡，有無數的奧地利人認為那是正確的事。

　　當然，所謂的接受，並不是說每個奧地利人都是納粹的黨羽。2020 年 11 月，德國《時代週報》（Die Zeit）採訪了九十幾歲的維也納猶太人布勞爾（Arik Brauer），他回憶納粹時期的維也納。當時他在一個討厭猶太人的房屋管理員協助下，才躲過秘密警察的追捕，為什麼幫助他的偏偏是一位反猶者？他不知道，「人的本質就是這樣複雜而神秘」。

　　他說，一開始納粹把那些身心障礙者「安樂死」，以公文通知家屬，奧地利人難以接受這件事，因為社區裡大家都認識這些人；可是，猶太人被送到東歐去，大家都默默接受了，相信猶太人應該離開奧地利，到東歐去「工作」。當時的奧地利人都想不到猶太人坐上火車，最後的下場是在東歐的毒氣室。

　　歷史的悲劇常常就建立在這些天真與一廂情願上。你不一定是法西斯主義的成員，可是當你默認並接受不正確的事情時，法西斯主義就再也不能被擋下來了。奧地利人也許是受害者，然而很多時候，他們也是加害者，不管情不情願、有無自覺。這也許是對那 369 週的適切註腳。

此外，在維也納高等法院牆面上，還有一塊解說牌寫著 369 週：「369 週，是納粹政權佔領維也納的時間。這段時間內，被納粹不義司法判決死刑的超過一千兩百人，在這棟建築中被處以絞刑。他們中絕大多數，都是反抗納粹的男男女女。」

現在，那個絞刑室已經成為紀念遺址（Gedenkstätte），每月第一個週二開放參訪，讓後世的人們都知道，這個原應是執行正義的法院，曾經經歷過一段無比黑暗的不正義時期。

其實奧地利很早就廢除死刑了，1919 年第一共和成立後，即不再有死刑，直到 1933 年法西斯化後，再次引入死刑，於是有了後來納粹時期那 369 週裡超出 1200 人的犧牲。戰後，死刑仍然維持了一段時間，1950 年後死刑即不再被執行，但是一直等到 1968 年，奧地利才宣告死刑違憲。廢除死刑，其實可說是幾十年後對法西斯歷史的回應，是奧地利司法推動的轉型正義。

(37) 森佩理特 Semperit

我買了一台二手單車，奧地利格拉茲的普赫（Puch）車廠生產於七〇年代。前任車主深藏於車庫不知多少年，外觀還很好，不過因為輪胎已經太過古老，一騎便開始裂，我便買了 2 條新胎來換。拆下舊胎時，發現這是比較少見的奧地利牌子森佩理特

（Semperit），仍印著 made in Austria，不知哪一年出廠。我對這家公司很好奇，一查後才知，背後有一段故事。

森佩理特成立迄今已有一百多年，是奧匈帝國時期工業化的成果，一開始就是做橡膠的，現在已經是大工業集團，在世界各地設廠。其名字其實不是德語，而是拉丁語 semper it，翻譯成德語意思是 geht immer（「總行的」，或者以符合這公司性質的說法可以理解為：一直走下去）。在 1920 年代時已經是奧地利極大的公司，僱用上萬人。

而 1938 年被納粹德國合併後，森佩理特成為德國漢諾威的大陸（Continental，即馬牌輪胎）集團實際上的子公司，不管是技術或機器，都獲得德國支援。而隨著戰爭開始，森佩理特也被軍事化，投入戰車零件生產，並徵用了強迫勞動力。

不過，雖然森佩理特有這一段納粹污點，但也在反抗納粹歷史上有其紀錄。當時的廠長梅斯納（Franz Josef Messner）因為暗中協助美國情報機關及維也納的反抗組織，被納粹秘密警察發現，將他逮捕並解送至集中營。

此人一生傳奇，奧匈帝國時期去了新大陸，在巴西做生意，進口中南美洲貨物到奧地利販售，例如咖啡，而成為成功商人，甚至受巴西政府委任為代表巴西派駐在奧地利的外交官，處理巴西的商貿事務，算是我的外交界同行。也因此梅斯納擁有巴西國

籍，但這並無法使他免於集中營的悲慘命運。1945 年 4 月 23 日，他在茂特豪森（Mauthausen）集中營的毒氣室裡被毒殺。大約兩個禮拜後，戰爭即結束。

(38) 髒東西已經堆這麼高了
Su huh litt bei uns dr Dreck em Keller

　　德國科隆這座城市，最讓人記得的城市印象，應該是古龍水、大教堂以及嘉年華。

　　嘉年華是中世紀以來的日耳曼文化傳統，在嘉年華會上人們瘋狂作樂、極盡誇張的裝扮、音樂舞蹈，當然也少不了喜劇演員的演出。我自己在當學生時也曾去過科隆，參加這個百萬人派對，與大家一起享受著「瘋狂的自由」（Narrenfreiheit）。

　　不過，德國歷史上曾經有一段時間，嘉年華並不那麼自由。在納粹上台後，原來所有人可以大放其詞、奇裝異服的場合也被與納粹意識形態「同步化」，這個遊行上要展示的是新政權的強大，猶太人被排除，而人們高舉右手，齊聲呼喊希特勒萬歲。嘉年華會不再有趣，而成為政治動員的工具。

　　不過總是有人堅持著瘋狂的自由。紀錄片《有姿態的嘉年華》（*Karneval mit Haltung*）裡，記錄了一位當時在台上表演的

喜劇演員庫柏（Karl Küpper），如何不畏法西斯暴政，保持其姿態。當時他用誇張嘲諷的方式，丑角化希特勒以及其信徒，讓納粹的政治方案顯得可笑。其中一個做法，就是扭曲所謂「希特勒行禮」（Hitlergruß）對當時許多德國人的神聖意義。

例如，他會在舞台上伸出高高的右手，看似行禮，但是高喊的不是「希特勒萬歲」，而是「Su huh litt bei uns dr Dreck em Keller!」。這是科隆地區方言，意思是「我們地下室的髒東西已經堆到這麼高了！」他在說誰是髒東西呢？不言可喻。此外，他也在舉手佯裝行禮時說：「Es et am rähne?」（也是科隆方言，意思是「正在下雨嗎？」）或者，高喊「歌德萬歲！」接著喃喃自語：「我還真不知道歌德也入黨了……」

這樣的瘋子，當然不被納粹所喜。祕密警察每天找他麻煩，他被禁止演出，後來為躲避被迫害，他參加了德軍，去前線勞軍，也幸運地躲過了戰火與納粹的暴政。戰後，他在科隆經營喜劇俱樂部，今日已不存在，但舊址立了紀念牌說這裡曾經存在一位有姿態的演員。

他的姿態告訴人們，面對瘋狂時代裡的暴政，也許維繫一點瘋狂的自由是必要的，才能使我們免於一起瘋狂。

㊧ 勝利者司法？ Siegerjustiz?

1945 年，德國戰敗，二次大戰結束，開始戰後最重要的一系列審判：紐倫堡大審。2020 年，紐倫堡大審 75 週年時，德國媒體深入報導了當年那場審判的細節。

針對納粹戰犯的紐倫堡大審，吸引全世界媒體的目光，包括當時擔任美國記者的海明威（Ernst Hemingway）都在場報導。同盟國面對的困難是：這些「戰犯」在第三帝國時代根本不是犯罪者，他們服從了國家的法律，而戰後卻必須審視他們的罪行，也因此同盟國面對難題：對於西方啟蒙以來重要的「罪行法定」（Nulla poena sine lege）的思想，是否要棄之不顧？如果同盟國無視原存在的法律，豈不是落實納粹黨人的「勝利者司法」（Siegerjustiz）之指控？

可是，當時的法律系統又怎麼能處理那些史無前例的殘酷邪惡呢？在紐倫堡大審以前，從來沒有法律能規範那些以工業化、機械化方式滅絕數百萬人類的行為。那太不可思議，太不可能存在於人類社會；可是，就因為法律的侷限，我們不去處理嗎？受害者及其家屬不可能接受「法律是有侷限的」這樣的說法，他們感受到的只是，正義並未被落實。

所以，包括拉德布魯赫（Gustav Radbruch）這樣的一流法學

家們，也面對納粹對法律的挑戰，他們不得不去思考，比現存成文法律更高、不可被違背的自然法傳統或者康德留下的、將人視為目的、視為自主與自由的存在者，那才是啟蒙最應被堅持的理想。後來，1949 年德國《基本法》第一條規範的「人性尊嚴不可侵犯」，也正是回應那段歷史。人性尊嚴才是法律的侷限，一切法律的存在都是為了捍衛人作為人就應該擁有的絕對尊嚴。

這是 75 年後，必須牢牢記住的、也是那場審判留給後世的遺產。

40) 被偷走的孩子 Gestohlene Kinder

台灣對於德國的轉型正義工作非常有興趣，不過東德時期的獨裁問題，有一個非常特別的議題，不管在德國或在台灣都幾乎沒有人注意，情節非常離奇，德國政府這幾年才開始著手處理：在東德時期，許多人的孩子們被偷走、被強制領養。或者更確切的說，被死亡。

德國執政黨的國會黨團，已經在國會中提出這個長久以來被忽視的議題。在東德時期，不少孕婦在醫院產下新生兒後，被醫生告知，她們的小孩已經夭折，醫學術語叫做新生兒死亡（Säuglingstod）。但其實許多小孩都活得好好的，只是交給了共

產黨的幹部們，成為他們的下一代。而這些孕婦中，有許多曾經有批評政府的記錄。

除了在醫院裡生下被偷走的孩子，還有些人的孩子們是被國家強制拿走，例如那些政治犯，或者想逃到西德去的逃亡者。

那些受害的父母親們，組成「東德時期被偷走孩子之利益團體」（Interessengemeinschaft gestohlene Kinder der DDR），舉著海報舉辦座談活動，希望引起社會注意。一張海報上面寫著：「我們的孩子在哪裡？肯定不是在墳墓裡！」其網站上貼了一張圖片，上面寫著：「有權有勢者的過去，從來就不單純」（Starke Menschen haben nie eine einfache Vergangenheit）。非常值得省思。

這些宣傳逐漸引起注意，這些年來這個組織開始蒐集連署，向國會請願，要求調查這段黑暗的歷史以及執行轉型正義，這件事也廣為媒體報導。該組織認為，被強制領養、被死亡的小孩，高達好幾千人，甚至上萬，但是詳細數字在調查結果出來前，誰也不知道。

我讀這段歷史時不斷自問，如果這些孩子們被找到了，他們該如何面對養育自己長大的父母？以及他們的陰暗面？如何面對那從未謀面的父母？甚至，如何面對自己的人生？如何重新開始？能重新開始嗎？

哲學家傅科（Michel Foucault）曾經區分出司法權力以及

生命權力，傳統的司法的或者政治的主權是以奪取生命或者讓其生存的方式運作的，而當代的新的權力機制則是以生命權力（biopower，德文 Biomacht），取代了那種傳統的權力運作模式，其特色是迫使存在者生存，並干預其死亡，於是他們在死亡前便永遠是被管控的臣民。

在這段歷史裡，可以見到這種結合兩種權力模式的機制：藉由宣告死亡，決定了你的生存方式，但你只能以權力者規定的方式生存，你被剝奪了權利主體的身分，你是永遠的無名者／無命者。你被迫死了，但你依然活著；你活著，但你其實只能擁有國家指派的身分，你其實已經失去原來的存在，在這意義上你還算活著嗎？

⁴¹ 無神的青年 Jugend ohne Gott

2020 年的「黑人的命重要」（Black lives matter）運動在全球發酵。看到這個口號，總令我想起霍瓦特（Ödön von Horváth）寫於納粹吞併奧地利前夕的小說《無神的青年》（*Jugend ohne Gott*），雖然已是九十年前的作品，現在讀起來還是不斷刺激讀者反省當代的問題，或者那些多年來從未消失的困境。難怪一直到現在，這本小說都還是德語區學校課堂上必讀經典。

這本書描述的是一戰之後的歐洲，主角是 34 歲的中學老師，開章是他批改學生的地理作業，題目是：為什麼我們必須有殖民地？一位學生說，因為黑人都陰險懶惰。老師心想，以偏見取代真理，這學生犯了好嚴重的邏輯錯誤。他想劃掉學生的文字，寫上評語：「無理的普遍宣稱（Sinnlose Verallgemeinerung）！」但是他終究沒有這樣做，因為學生的說法是當時收音機裡評論節目的說法，社會上流傳著這樣的意見，學生只是重複而已。老師不願反駁，因為他希望保有自己那份穩定的公職。但他還是選擇在還給學生作業時說，「黑人也是人」。此語引來學生與家長憤怒，斥之為「對祖國的侮辱」，並一狀告到校長室去。

　　學生們不只有種族主義問題，在學校生活裡表現出各種惡意。老師面對青年之惡——也是人類之惡，不禁問，何以如此？何以這些青年如此憎恨人類？霍瓦特經歷過一戰的浩劫（他於 1938 年納粹吞併奧地利後流亡巴黎，並死於巴黎，未經歷二戰），於是筆調充滿對虛無主義的反省。其筆下主角這位學校老師雖讀《聖經》，但也質問：上帝實現了其承諾嗎？

　　這本小說寫於納粹暴政時，小說的前言裡，霍瓦特說他知道這本討論人類理想的書必然會被禁。他寫一位教導讀書寫作的老師，寫這本書是為了「對抗精神的文盲」，為了對抗那些雖然學會讀寫卻不能理解所讀內容、也不知寫什麼的人。雖然沒有明確

地提到納粹的名字，但是寓意明確，也因此當時這本書是在當時尚未落入納粹手中的阿姆斯特丹出版的。多年後，已成為德國國中升高中階段的課堂讀物，網路上許多人寫下書評，說那本小說在年輕時代打開了他們的眼睛，改變了他們的思想世界。

我手上這本是一位德國朋友送的，她說在高中德語課上讀完後不能成眠。讀了以後，我很能理解她的不安。我們都懷疑自己是否也是那無神的青年之一，懷疑這世界不太對勁，但如同那位老師接受了現狀。也許這仍是充滿精神文盲的世界，而我們一直沒有停止質問過，上帝實現了祂的承諾嗎？

㊷ 國安部是我的艾克曼 Die Stasi ist mein Eckermann

2020 年 4 月，台灣的促轉會公佈調查局移轉 3 萬多件威權時期校園監控檔案，不少生活過那段時期的人查看之下，發現監控者無所不在。親身經歷那段歷史的立委鍾佳濱說，內容詳細程度令他吃驚，「那種感覺像是有人幫你寫日記。」

我想到冷戰時期一件往事。出生於西德漢堡的詩人與歌手比爾曼（Wolf Biermann），在兩德分裂時很推崇社會主義，1953年便移民東德，做了與當時大部分人不一樣的選擇，當時他才只是十幾歲的少年。到了東德後，他見到實際情形，不滿東德獨裁

政體，以寫作與音樂表達其抗議。可想而知，這樣的人必然被迫全天活在情報機關的監控中。

情報機關除了自己監控，也常常依賴線人，根據線報建立檔案，這種檔案紀錄有個名稱叫 GI-Bericht，也就是「秘密線人」（Geheimer Informator）的報告。在兩德統一後，檔案解密，許多被監控的人驚訝發現，身邊的親朋好友居然是線人，那驚訝程度應該不亞於這位立委。

1967 年時，負責監控他的國安部（Ministerium für Staatssicherheit，也就是俗稱的史塔西，Stasi）線人，竊聽的 GI 報告這麼寫著：「Wolf B. 唱『國安部是我的劊子手』」（Die Stasi ist mein Henkermann）」，並把全部聽到的歌詞記錄下來。但是，這位竊聽者聽錯了，比爾曼唱的歌詞其實是：「國安部是我的艾克曼（Die Stasi ist mein Eckermann）。」

其他的歌詞其實都對，為什麼聽錯這一句？因為這位為國安部工作的人並無文學素養，對他來說「國安部是我的艾克曼」是毫無意義的話，只能猜測比爾曼是在罵國安部是處決音樂家的劊子手，不知道其所引用的文學典故。

歌德晚年的秘書艾克曼（Johann Peter Eckermann），與歌德一起生活了九年，擔任其秘書，為年邁的歌德寫下他口述的文字，並且後來也出版一本《歌德晚年對話錄》（*Gespräche mit*

Goethe in den letzten Jahren seines Lebens），鉅細靡遺交代歌德每一天的生活以及兩人的或與其他人的對話，可說正是一位幫歌德寫日記的人。這本書被尼采以嘲諷語氣讚許為德意志史上最偉大的書，因為艾克曼的智力有限，在偉大的歌德面前，只能一字一句詳實記錄，沒有任何對話餘地。

所以比爾曼這首歌是故意唱給國安部聽的。他當然知道自己被跟監、被竊聽，便故意寫了一首歌，大聲唱給國安部，歌詞嘲諷「國安部是我忠實的隨身護衛，是我的艾克曼」，「我最忠誠的粉絲，確保我永生不朽」，並告訴他們：你們這些智力有限的人，幫我寫日記，亦步亦趨記錄下我的每一句話，使我成為偉大的文豪。

在荒謬的極權政治悲劇中，比爾曼試著以嘲諷的姿態來與之對抗。後來，兩德統一後，國安部檔案公布，關於比爾曼檔案就有四萬多頁。其中記錄了許多他的歌曲，他自己查看這張檔案後說，原來以為國安部人員應該受過教育，理解他使用的文學典故吧，看到報告才知道還是太高估東德情報人員及他們的線人了。

另外，不少歌曲原本早就遺失，多虧那些秘密的聽眾不眠不休「記錄」，才能在這四萬頁檔案裡重見天日，多年後也被他重新唱出。歷史有時以悲劇出現，有時以喜劇出現。

⑷ 罪與責 Schuld und Verantwortung

因為書寫以及在各個演講場合討論德國轉型正義的問題，我時常被讀者問起，當代的德國人，為什麼還要關心轉型正義？他們並無機會參與陰暗的歷史，為什麼多年後仍要不斷地被提醒，他們是罪犯的後代，甚至是罪犯的成員之一？

這個問題確實很困擾德國人，也沒有什麼簡單的答案。一直以來有許多哲學家、政治學者都試圖回答這個問題，甚至不須等到多年後，當年戰爭剛剛結束時已經有雅斯培（Karl Jaspers）、鄂蘭（Hannah Arendt）等思想家從哲學角度討論集體罪責問題，亦即，那些不曾參與大屠殺犯罪的德國人（當然會有人不曾參與法西斯政權，甚至起而反抗），為什麼也有某種責任？

我總喜歡提一個例子來說明面對轉型正義時，後代的立場是什麼。作家徐林克（Bernhard Schlink）的《朗讀者》（Der Vorleser）（曾被改編成電影《為愛朗讀》，由凱特‧溫斯蕾主演）這本小說，處理了一位參與法西斯運作的平凡公務員（一位看守者），以及一位並未參與那段歷史的年輕人，他們之間的歷史與愛情，徐林克藉由這位年輕人的角度說出來的政治─道德立場是：必須思考「罪」（Schuld）與「責」（Verantwortung）的差別，曾經參與納粹歷史的人是有罪的，而戰後世代是清白世代，不能

以罪的概念加諸他們身上，但是他們有責任。他們有責任認知德國這個民族曾經做過什麼樣的事情，也有責任確保那樣的殘暴不會重演。

在德語裡，Schuld 除了是罪，也是債，是虧欠。後世的德國人無罪，但免不了身為德國人的虧欠——那不是負罪的虧欠，而是有責任補正未被補正的歷史債務。他們必須去回應（sich verantworten）、去負責（verantwortlich sein），以回答上一代留下的道德難題（antworten）。這就是責任。

駐德代表謝志偉在某一次演講中也提及《朗讀者》，他說那位女主角漢娜的姓許密茲（Schmitz）是有意義的，因為德文的骯髒叫做 Schmutz。而故事中有一幕是漢娜生了病狂吐不已。這樣的姓加上這一幕，確實讓人想起，許密茲承受著歷史中的髒東西，必須有一場激烈的大病，將骯髒排除，以在未來重獲健康。也許我們可以想像，上一代人償還了他們所虧欠的，但是仍然留下了病因，後代必須小心警戒看待隨時可能發病的這個集體，甚至必要時必須大病一場。

（44）接種使人自由？ Impfen macht frei?

2020 年年底，奧地利一個公路陸橋上掛出大型橫幅，上

面寫著：「接種使人自由。覺醒吧！（Impfen macht frei. Wacht auf!）」

警方接獲舉報後，開始調查究竟是誰懸掛的標語。這句話承載著巨大歷史罪責，因為顯然是引用那句被鑄在集中營鐵門上的標語：「勞動使人自由（Arbeit macht frei）。」懸掛標語者顯然是抗拒接種疫苗者，並且以此標語暗示政府以法西斯主義執政，強制人民服從「暴政」並且相信這樣的服從將帶來自由。

這並不是唯一借用納粹標語抗議當今政府的人。德國一家醫院的照護人員，也因為在她臉書上貼出寫了這句標語的照片而遭解僱；奧地利報紙上也刊出一張傳單，在那上面是漫畫家畫了集中營鐵門，只不過鐵門上的標語是「接種使人自由」。

陰謀論者對政府的質疑，可以理解，每個時代、每個國家、每個政權下都會有這樣的陰謀論者；但是這不能合理化對於這段納粹歷史的任意挪用、錯誤比較。這是對歷史的輕率及不負責任，也愧對那些受暴政殘害而死去的幾百萬性命。這件事顯示了，法西斯主義歷史留下的教訓，人們需要更清楚的思考。我不能不想起德國作家沃爾夫（Christa Wolf）的名句：「已逝者尚未死去，根本從未消逝。」（Das Vergangene ist nicht tot. Es ist noch nicht einmal vergangen.）

我們生活在畢德麥雅時代
Wir leben im Biedermeier

45 最重要的東西 das A und O

針對新冠疫情，德國經過漫長討論後推出了追蹤 App，這是個自願安裝的軟體，專家說，這個軟體要能成功，「Vertrauen ist das A und O（最關鍵的、最重要的，就是信賴）。」

這個片語來自《聖經》。經文裡原初的意思是開端與終點。例如：「我是阿爾法，我是歐美加，天主說。祂在、曾在、將在，祂無所不能。（Ich bin das A und das O, spricht Gott der Herr, der da ist und der da war und der da kommt, der Allmächtige.《啟示錄》1:8）」

另外一段：「上帝說，我是阿爾法，我是歐美加；我是開端，我也是終點（Ich bin das A und das O, der Erste und der Letzte, der Anfang und das Ende.《啟示錄》22:13）。」

這裡的 A 與 O，指的是字母，但並非德文字母，而是希臘字母阿爾法（Alpha）及歐美加（Omega），分別是希臘語的第一個字母以及最後一個字母。後來德文裡面就有了這樣一個常用的片語 Das A und O，從上帝無所不在無所不能的形象，轉義表示「最實質的、最關鍵的、最重要」的東西。

46　一個都太多 einer zu viel

2020年11月，我聽到兩次這句話：「一個都太多（einer zu viel）。」足以作為時代見證的一句話。

第一次聽到，是那個月月初，維也納發生恐怖攻擊。一個本應和平的封城前週一晚間，四人死亡，十幾人受傷，舉國為之哀悼。內政部長內哈默（Nehammer）在電視上的記者會說：「每一位犧牲者、每一位受傷者，出現一個都太多（Jedes Opfer, jeder Verletzte ist einer zu viel.）。」

第二次，是在《時代週報》（*Die Zeit*）上讀到。那是11月中，奧地利已經進入第二次封城，而且是月初軟性封城發現毫無作用後，更嚴峻實施管制，但疫情仍然嚴重。奧地利的記者描述在11月的好天氣裡（這個月已經不算晚夏早秋，但是那年秋天天氣實在太好，也許仍可稱為「老婦之夏」，Altweibersommer），位在山區的茵斯布魯克（Innsbruck）醫院裡（順帶一提，奧地利與瑞士的醫院叫做 Spital，不叫 Krankenhaus），醫師憂心忡忡，因為他看到在這樣的溫和陽光中，熱愛山區的奧地利人載著登山車，去山裡運動，因此有許多人受傷被送醫，其中有部份是重傷，必須送入重症病房。醫師說：「在這些日子裡，任何一位需要配備呼吸器的重症病床的病人，有一個都太多了。」

47 封閉的社會 Geschlossene Gesellschaft

2020 年 11 月中，奧地利政府發現月初宣佈軟性封城之後，確診數仍以不可控制的速度飆高，眼看著醫療系統的承受能力已達極限，且再不做點什麼，耶誕節前最重要的購物檔期將至，錯過這波消費時機，奧地利的經濟將受重創。於是，政府宣佈，11 月 17 日起強化封城，除必要關鍵行業，所有商店都不得營業。總理也在記者會上向全國人民喊話：請您只與家人或重要關係人見面。

宣佈此政策後，我打開政論節目，看到來賓們討論的議題是：「封閉的社會：全面封鎖有幫助嗎？（Geschlossene Gesellschaft. Hilft nur der totale Lockdown?）」Geschlossene Gesellschaft 這個詞很有意思，值得分析。

Gesellschaft 是中文的「社會」，其實指的是某種群體，在這群體中的成員經由某些機制被連結在一起。這個字最原始意義與空間有關，例如古高地德語 gisello，意思是與其他人共同分享同一空間。所以一個社會，就是由同空間中的個體所組成。

中古時期的德語區職人修練制度，便把完成學徒階段、但尚未擔任大師（Meister）的職人，稱為 Geselle，可想而知這個名稱也來自共享一個空間的他人。這位職人所必須通過的考試就叫

Gesellenprüfung，之後會獲得的證書叫 Gesellenbrief。

與他人來往是 Geselligkeit，或者翻譯為社交，其形容詞是 gesellig（一個善於社交的人叫 ein geselliger Typ）。能夠和諧與他人共處同一空間，不正是社交能力嗎？

所以，德語的 Gesellschaft 其實意義比中文的社會更廣，也可以指某種聚會或者相伴。有個片語叫 Gesellschaft leisten，就是陪伴某人的意思。例如可以說，Die Tiere leisten den Senioren im Altenheim Gesellschaft（動物陪伴著養老院的長者）。

所以，你在德語區的餐廳時常會看到「Geschlossene Gesellschaft」這個告示。那並不表示餐廳扮演起政論節目的角色，宣佈這是個封閉的社會，而是指：今天有人包場，不對外營業，這是封閉的聚會。

此外，「社會」這個字，在德語也是「公司」（日文把這個意義下的 Gesellschaft 翻譯為「會社」，也是掌握了德語的意涵），有限責任公司是 Gesellschaft mit beschränkter Haftung，簡寫為 G.m.b.H.，是德語中常見的縮寫。有個樂團便曾經戲謔地發行一首歌叫「GMBH」，但是歌詞內容是：Geh mal Bier holen！（去拿啤酒！）

(48) 人獨處不好

Es ist nicht gut für den Menschen, daß er alleine ist

說到社會，不能不提《聖經》名句：「人獨處不好（Es ist nicht gut für den Menschen, daß er alleine ist）。」

這句話是《創世紀》裡，上帝用塵土造出亞當後說的。因為人獨處不好，於是上帝用亞當的肋骨造出配偶。亞當說，這是從男人（Mann）身上造出的，可以稱為 Männin。德語《聖經》用這個字不容易翻譯，這個字一般德語極少使用，在此指女人，把 Mann 陰性化而出現的字，用以表示女性來自男性。

後來，亞當吃了禁果，對自己赤裸感覺羞恥，上帝問，你是不是吃了禁果？亞當說是，且禁果來自「你所賜給我、與我同居的女人」（Das Weib, das du mir beigesellt hast）。這一句話裡有個動詞 beigesellen，是給予作伴的意思，與 gesellen 的意義相近，都與社會（Gesellschaft）有同樣字源。

後來，亞當與夏娃被放逐出伊甸園外，生了該隱與亞伯，兄弟爭執，該隱將亞伯殺了。

《創世紀》說的，其實就是人類社會出現的由來，人類如何從單數變成複數，與他人作伴，構成一個社會，然後，這個社會必然出現爭執、猜忌甚至殺戮。而 2020 年開始我們也深刻體認，

共處也可能有另一個問題：瘟疫。人獨處不好，但人不獨處時，也不全是好的。

49 滑雪假期 Skiurlaub

2020 年 11 月底，某個早上，我的奧地利同事神情凝重告訴我，出大事了。

我問她，什麼事情？她拿了報紙給我，頭版寫著：所有滑雪場可能因為防疫原因關閉。我問她，這比耶誕市集如果一旦關閉還更嚴重嗎？她說，當然，耶誕市集是給小孩子去的，但是滑雪，是奧地利人冬季不可或缺的渡假活動。一個沒有滑雪活動的冬季，是難以想像的。

關閉滑雪山區的提議來自義大利總理孔帝（Giuseppe Conte），他說他正與梅克爾與馬克宏研議相關禁令。此語一出，全歐熱愛滑雪的人士譁然，但也獲得其他國家附和。例如德國巴伐利亞邦贊同義大利提案，希望全歐盟都過一個沒有滑雪假期的冬天。比利時總理也呼籲人民不要去滑雪，因為就是上個冬天那麼多人在滑雪場，才導致新冠肺炎大流行。

奧地利政府則反對關閉。可以理解的是，不只因為每個奧地利人都期待冬季假期，還因為在奧地利的鄉間，有許多人的經濟

來源完全依賴滑雪客，一旦強迫雪場與附近商家放棄一年內最重要的營業時間，損失產值過於龐大。因此，奧地利政府說，除非歐盟可以提出令人滿意的補償計畫，以填補觀光經濟缺口，否則他們反對全歐洲一視同仁的關閉政策。觀光部部長便保證，冬天的假期會很安全。奧地利旅館協會更是聲明，此事影響經濟甚鉅，還輪不到義大利來對奧地利發號施令。

《薩爾茲堡訊息報》（*Salzburger Nachrichten*）的一句評論，最能說出奧地利人的忿忿不平：「羅馬想禁止奧地利耶誕時期的滑雪假期，這幾乎就如同，我們禁止義大利人煮他們的 Espresso。」

㊿ 我們生活在畢德麥雅時代 Wir leben im Biedermeier

2020 年，奧地利經歷兩次封城，報紙上寫著：「我們當下再次生活在畢德麥雅時代（Wir leben aktuell wieder im Biedermeier）。」

「畢德麥雅」一詞出自文學作品，形容一個保守的、小市民心態的虛構人物。他所代表的時代，指的是德語區大約從 1815 年（1814 到 1815 年召開了重新定義歐洲秩序的維也納會議）到 1848 年（人們開始挑戰政治保守勢力）這段時間，不是一個很

精確的時期，大致上是一種文化與藝術的概念。這個時期的特色是後拿破崙時代，法國的共和思想被歐洲其他國家排斥，舊勢力強化對社會的政治控制，加強言論、新聞與出版審查的力道，因此人民不再那麼關切政治事務，退出公共領域後，停留在私人和非政治領域。這也反應到文學與藝術創作，藝術家們不參與政治議題，而設計風格也轉向強調家庭、室內的高雅風格。一切生活的、創作的中心，都是私領域。

也因此，報紙才寫道，在這個限制外出的時代，我們都退回到畢德麥雅了。意思是，我們都退回到以家庭為重的小市民生活形態。

與此相關的詞彙有「畢德麥雅風格」（Biedermeierstil），指小資產的、浪漫的、舒適的，如今在維也納的跳蚤市場上，還可以見到許多這種風格的木製家具。

（51）諸聖節 Allerheiligen

諸聖節（Allerheiligen，拉丁語 Festum Omnium Sanctorum）是天主教文化圈的重要節日，定於每年 11 月 1 日。隔天，是 11 月 2 日的諸靈節（Allerseelen），在這天生者追思亡者，許多人也會去掃墓。不過，2020 年的諸聖節與諸靈節正逢奧地利疫情

最嚴重時，在第二次封鎖的前夕，總理庫爾茲（Sebastian Kurz）在臉書上呼籲，即使要掃墓，也必須遵守防疫規定。

2020 年，我在奧地利度過第一個諸聖節，正好是週日，我在家看了一整天的電視，都是關於死亡的各種專題，例如喪禮、墓園管理、墓碑製作、墓園旁的花店經營等等。也因為正好是假日，所以很多人都在這天掃墓。我看到新聞裡，人們去花店買了鮮花以及裝飾品，好好佈置親人的安息地。墓碑前擺放石頭，寫著「愛會永存」（Liebe bleibt），場景動人。

在奧地利有另一個悼念亡者的日子，不過那不是宗教性的，而是政治性的。每年五月八日，德國戰敗日，在維也納的英雄廣場（Heldenplatz）上，有兄弟會組織悼念因為二戰而死的犧牲者。這聽來正常，只是兄弟會與右派的牽扯不清關係，以及在英雄廣場上的象徵意義，令人心生懷疑，他們所謂的悼念亡者，許多是那些為了錯誤的政治意識形態上戰場而死的軍魂，那些他們認為是國家英雄的人。況且，在德國早已將這天定位為解放日，並非戰敗日，何以需要悲傷地舉行悼念儀式？

因此，在兄弟會組織舉行悼念儀式時，也有反對者組織遊行，舉著「英雄廣場禁止兄弟會成員」（Heldenplatzverbot für Burschis）的標語，主張：這一天不該是悼念之日，而該是慶祝之日。那些兄弟會所悼念的陣亡者，不該被視為英雄。

(52) 你的唱歌場次 deine offene Singrunde

在疫情期間，我們必須盡可能地減少社交接觸，可是，人們還是需要社交生活。於是，許多互動都被移到線上。

某個冬日，我出門散步，經過鄰近的社區活動中心，看到門口公佈欄上附近社區居民貼了一張公告，上面寫著：doSi！下面解釋，意思是「你的公開唱歌場次」（deine offene Singrunde）。鄰居以前每週約在社區活動中心唱歌，可是疫情期間沒辦法，就改為「doSi online」，附上一行網址，透過視訊會議軟體，約了時間大家一起唱歌。

這種公開歌唱場次在維也納甚為盛行，當他們還有實體活動時，都是辦在晚上的社區中心。主持人是專業的歌唱老師，活動經費來自市政府，有時候也會有不同歌唱主題，例如八〇年代之夜或者各國民謠等。除了社區中心，其他地方也有私人舉辦的，通常會收幾歐元場地費。

在這樣的時代，我們被迫改變自己的生活，然而，在被迫改變中，我們總要試著維持些昔日一點小幸福。這就是苦中作樂，在不幸之中的小確幸（Glück im Unglück haben）。在線上，一起唱歌吧！

53 分類 Triage

2020 年，因為疫情，有一個字在媒體被熱烈討論：Triage。

Triage 來自法語，意思是分類，在奧地利特別指醫療體系裡對傷病程度的分類（德國會說 sortieren）。當病床或呼吸器不夠時，醫師必須對病患分類，決定醫療資源應該如何分配。據說，一開始的分類系統就是由軍隊所建立，以在戰場上決定如何分類及救護負傷者。

不只在戰場，對病患作分類，是非常重要的醫學措施，尤其在大規模災害發生時（例如爆炸）。多人受傷情況下，誰必須先救、誰還能支撐，是有限醫療人員與器材的環境中高度專業、也具高度壓力的判斷。這其實是 2020 年上半年義大利的情況，一下子有太多新冠肺炎確診者被送入重症病房，醫師控訴他們被迫必須決定誰的呼吸器可以被拔掉。當代人從沒想過，身處如此繁榮富足的時代，醫療資源充沛的歐洲，竟然也必須面對這種對醫學倫理的挑戰。

（54） 安全及緊急用途產品
Sicherheits- und Notfall-Produkte

　　奧地利的第二次封城，規定除了餐飲店提供外帶，以及一些維持社會運作必須的商店得以營業外，其他所有商店都必須關閉。但是，什麼是維持社會運作必須的行業、什麼不是，其分類方式正可以說出官僚系統運作的盲點。有個例子可以說明。

　　在奧地利衛生部修正的新冠疫情緊急處置法中，允許販售「安全及緊急用途產品」（Sicherheits- und Notfall-Produkte）的店家營業，不受封城限制。結果，這其中也會包括賣槍枝業者。

　　其實不該說允許槍枝業者營業，因為通常販售槍枝武器的店家，都會賣許多其他安全商品，例如警報系統、防身器、救生器材等等，可是，在這樣的法令規範下，民眾看到的確實是，其他的店家要關，但是槍可以繼續賣。

　　這件事的荒謬如果對比於另一個規定，更可見其荒謬：書店禁止營業。你想買書，只能網路訂購、寄書到府，或者，專人送到。書店協會抗議，為什麼餐廳可以維持外帶，書店不行？難道購書這種消費行為，最大的特質不是外帶嗎？

　　為此，衍生出的解套方式就是，那些同時經營書店與咖啡店的店家，因為有咖啡的營業項目，獲准營業，但不准賣書，於是，

就出現外帶咖啡送書的「套餐」。可是，那些純粹經營書店的老闆呢？就沒有這種詮釋空間了。

賣槍可以賣，但賣書不准，我從沒想過，自己會遇上這樣的時代。

(55) 照進黑暗的光 Licht ins Dunkel

光明，在西方文化裡是重要的意象，柏拉圖在知名的「洞穴之寓」中便對比了光明與黑暗、真理與虛幻的概念；《聖經·創世紀》便記錄了上帝創造天地的第一天：「神說：要有光，就有了光。神看光是好的，就把光與暗分開了。」歌德在其青年之作《戈茲》（*Götz von Berlingen*）中寫下這樣的名句：「充滿光明之處，亦有強大的陰影（Wo viel Licht ist, ist starker Schatten）。」

而光明與黑暗的比喻，在疫情肆虐的黑暗之年更常出現。人們渴望看到光明。

歐盟執委會主席封德萊恩（Ursula von der Leyen）曾於那年11月針對疫情對議會報告時說：「終於隧道盡頭出現光了。」但奧地利總理庫爾茲早於8月底的記者會上，向全國喊話：「漸漸地可以在隧道盡頭看到光了（Es gibt schön langsam Licht am Ende des Tunnels）。」當然，後來的事情發展，全國人民都知道

這句話終究是過早的樂觀，但是在當時，確實很多人信任總理，認為疫苗很快會出來，確診數會下降，我們只要維持現在小心過日子的態度，黑暗終究會過去。

11 月底，在疫情最嚴重的時候，由奧地利總統擔任主辦人，奧地利國家電視台（ORF）舉辦了年度晚宴盛會：「照進黑暗的光」（Licht ins Dunkel）。德語有個片語 Licht ins Dunkel bringen，把光帶入黑暗中，就是闡明、揭開。可是在這個宴會，指的是把希望帶入困境中，這個慈善活動邀集許多藝人擔任嘉賓，聯邦總理與副總理也是賓客之一，透過這個盛大活動，為身心障礙者募款。在黑暗之年，這個主題，多麼撫慰人心。

另外一提，與光（Licht）相關的這個字 Lichtung，常被誤解為也是光的意思，這其實特別指森林中沒有樹蔭遮蔽的空地。一般的德語用法中，不會直接將 Lichtung 與 Licht 聯接起來，除了哲學家海德格。他從林中的空地談到真理的「無蔽」（Unverborgenheit），把這些概念結合在一起。中文世界翻譯 Lichtung 於是遇到麻煩，有譯為「澄明」者，有譯為「開顯」者，更有譯為「疏朗」，都試圖把光的意象保留在這個林中空地中。

（56） 好心的撒瑪利亞人 barmherziger Samariter

奧地利社會民主黨（SPÖ）的黨主席倫蒂－華格納（Pamela Rendi-Wagner），作為反對黨主席，她對於 2020 年 11 月時奧地利進入第二次封城非常憤怒。她接受媒體專訪時說，封城不能全怪病毒，我們對病毒早就不像 2020 年年初那樣陌生，之所以導致再次封城，政府如同盲目飛行（im Blindflug），同負責任。這句盲目飛行，也許更傳神的中文翻譯是「無頭蒼蠅」。

她批評道，在兩次封城之間，許多政府該做的事情被忽略了。例如，應該更強力推動追蹤定位軟體，也就是 Contact-Tracing，也應該與各邦、以及所有醫院研議增加重症病房數，對學校也應該有安全計畫，例如通風、口罩、甚至檢測等。她批評，總理在九月的那句「看到隧道盡頭的光」（Licht am Ende des Tunnels），實在說得太早了。

她會這麼憤怒是有原因的，她的批評不只基於反對黨身份，還基於她是位醫師。

在從政前，她便是執業醫師。疫情期間因為醫療系統有崩潰壓力，她甚至抽出時間再次披上醫師袍。每週她會選一天去慈善機構義診，那個機構叫做「勞動者——撒瑪利亞人協會」（Arbeiter-Samariter-Bund），是致力於急難救助的非營利組織。

撒瑪利亞人典故來自《聖經》，「好心的撒瑪利亞人」（barmherziger Samariter，《路加福音》10, 33），現在使用這個片語，用以稱無私幫助他人者。撒瑪利亞人是遠古巴勒斯坦的一支部族，樂於行善，根據《聖經》，撒瑪利亞人對受傷的陌生猶太人伸出援手，因此有此典故。而對他人充滿同理心、無私的幫助，就稱為 Samariterdienst（直譯：撒瑪利亞人的服務），尤其在養老院、醫院最常出現這個詞。因此，「撒瑪利亞人」也可以指救護人員，尤其在瑞士與奧地利常見此用法。

題外話，醫師轉換跑道的還不少，疫情期間，愛爾蘭總理及英格蘭選美冠軍都宣布，將重新披上醫師袍，每週播出固定時間看診對抗疫情。在仍見不到隧道盡頭時，有幸讓這些撒瑪利亞人為我們在隧道裡點起燈。

(57) 小象 Babyelefant

2020 年 11 月底，德國的德語協會（Gesellschaft für deutsche Sprache）選出 Corona-Pandemie 為年度字。要說影響這一年最大的事情，確實就是這場全球聞之色變的傳染病了，這個複合字當選年度字，沒有什麼爭議。

不過奧地利人偏不跟德國走同樣的路。2020 年 12 月初，奧

地利選出當年的年度代表字：Babyelefant（小象）。

　　會選出這個字，令人意外，因為大家原本以為年度字就是 Corona 了。想不到 7742 張選票裡有 3720 張投給小象，Corona 只能成為第 2 位。

　　小象的說法源起是疫情一開始後，奧地利政府為了倡導維持安全距離，想出了這個點子，並投入大筆文宣預算週知社會。一頭小象大約一公尺，正好很容易向小朋友們以及社會大眾說明，許多公共場所也擺出了小象看板，告訴大家適當的安全距離到底有多長。

　　這個活動由奧地利德語協會（Gesellschaft für Österreichisches Deutsch）主辦，每年選出最能代表那一年時代精神的德語字。此外，他們也選出年度惡字（Unwort），2020 年的惡字也與疫情有關：Coronaparty，意思是：明明政府規定了為了防疫不得聚會，還是有人會私底下辦派對。

　　同時，協會也票選年度金句。這一年得獎的句子是：Schleich di, du Oaschloch.（滾吧，你這爛貨。）如果是我來決定，也是這一句。不過維也納的文學教授恩斯特（Peter Ernst）對這句話很有意見，他認為這個粗魯的方言，強化了社會大眾（以及維也納人自己）對維也納人的刻板印象。不過我猜，維也納人有不同意見。

(58) 溜溜球效應 Jo-Jo-Effekt

2020年還有另一個常在媒體上出現的詞彙：「溜溜球效應」（Jo-Jo-Effekt）。

奧地利於2020年12月第二次封城即將結束前夕，聯邦總統范德貝倫（Alexander Van der Bellen）對全國發表演說，要求大家切勿因結束封城就掉以輕心，因為很可能會有「溜溜球效應」。

這個詞是用來形容某種改變只是表面的，而不涉及本質，所以如掉以輕心，很可能舊會舊態復燃，用在疫情上，就是指好不容易降下來的確診數再次暴增。不過這個字早就在疫情發生前就存在，以前都是形容減肥復胖，但在2020年一說起這個字，大家都知道，你擔憂的不是體重。

另外也有個詞很有意思：「蕃茄醬效應」（der Ketchup-Effekt），這是形容原來太少，求之不得，接著又太多，造成困擾。原來是經濟新聞裡會寫到的現象，例如，某商品奇貨可居時，各家廠商紛紛開設新生產線製造，接下來一下子就有太多產品投入市場，這時可以用蕃茄醬效應形容，許多人吃薯條時擠蕃茄醬一定有類似困擾，怎麼擠都出不來，最後一下子爆噴。在討論疫苗供應時，奧地利總理用了這個概念，引來不少討論。

59　過度補貼 Überkompensation

2020 年 11 月，幾乎所有歐洲國家領導人都面對一個棘手的問題：要不要實施封城？

之所以棘手，是因為商店關門、消費停滯，對經濟影響太大，也對就業市場帶來難以承受的衝擊，可是，看著日益嚴峻的疫情，政府必然要使出霹靂手段。奧地利的方式是：晚上八點至早上六點封城，一般商店維持開門，縮短營業時間，餐廳僅能外賣，電影院關門，飯店只能接受商務客。而歇業的店，最多能獲得去年同時間營業額八成補助。這就是透過「營業額補貼」（Umsatzersatz）以維持經濟系統運作的方式。

可是問題來了，法界質疑，這樣的補貼可能有問題，主要聲音有二：歐盟因為是一個共同市場，經濟規則裡禁止任何國家對其國內產業有不正當補貼，以免對他國企業不利。即使不封城，企業其實不一定能達成去年營業額的八成，政府的一視同仁補貼，可能「扭曲市場競爭機制」（Wettbewerbsverzerrung）；其次，補貼是針對營業額，可是對於那些營業額高、但是獲利空間不高的企業（也就是薄利多銷），將有「過度補貼」（Überkompensation，或者 Überförderung）問題，而這是歐盟明文禁止的。

我想起柏拉圖在《理想國》裡描述的政治家，他領導國家如同船長領航大船，不知治國術的虛假政客就如不知航海術的船長，只能讓船迷失。奧地利的領導人，此時正是在茫茫惡浪中找尋方向，在船底破洞進水時，只能拆掉甲板補洞。在醫療系統崩潰與經濟系統崩潰的兩難之間，領導人必須做出的決策，最大的考量不是對或錯，而是安然度過這場海嘯。

⑥⓪ 餐館經濟 Wirtschafftjobs

為什麼疫情封城期間，當其他商家都關門時，餐廳可以開門？奧地利政府的理由是，人必須吃東西，餐廳因此是人類生活下去的必須行業。

其實有另一個原因：經濟。而這個原因可以從網路上流傳的這個單字看出來：Wirtschafftjobs。

這並不是一個「正確」的德語字彙，而是德國基督教民主黨（CDU）創造出來的網路文宣。第一眼看起來令人疑惑，但是再深思，會知道其奧妙。這個字由經濟（Wirtschaft）與工作（jobs）合起來，用以表示提供了攸關經濟的工作。可是，這個字的 Wirtschafft 比真正的經濟（Wirtschaft）多了一個 f，不是拼錯，是故意如此，為表達與餐廳有關：這個字也可以拆成 Wirt（餐

館）schafft（創造）jobs（工作）。這裡，刻意引入了 schaffen（創造）這個動詞，玩了一個曖昧的文字遊戲。

類似的文字遊戲，在哥廷根的車站可以見到。那裡的車站站牌上寫著：Göttingen: Stadt, die Wissen schafft（哥廷根，創造知識的城市）。這裡可以把 Wissenschaft（學術、科學）這個字拆解／改造成 Wissen（知識）schafft（創造），以同音來同時在學術與創造知識之間創造兩義曖昧，以表達這座城市有一所極為傑出的學術大學，這也因而是創造知識的地方。

⑥¹ 當個愛國者 Sei ein Patriot

疫情期間，德國基民黨推出了一個鼓吹人們在地消費的文宣。海報上是蕭條的街道，標語寫著：Sei ein Patriot: Support your local（當個愛國者：支持你的地方）。

標語下面印著另一句話，來自德國經濟部部長阿爾特邁爾（Peter Altmaier）：「購物是一種愛國的任務（Einkaufen ist eine patriotische Aufgabe）。」意思是，我們藉由買在地生產販售的東西，展現我們愛這個國家。

當然，撇開愛國與否不談，多支持在地產業，雖然不符合亞當斯密的經濟學，但是減少碳足跡，至少對環境是件好事。可是，

當消費決定被訴諸愛國心時，我其實對這說法心存警戒。

納粹掌權時，消費這種私人決策行為，被放到公領域裡去檢視，所以才有那惡名昭彰的 1933 年「水晶之夜」，人們砸毀猶太人的商店，在其門口貼上「德國人不要在猶太人那裡購物！」（Deutsche, kauft nicht bei Juden!）

而今這位經濟部長一句話，涵蓋了兩個概念：資本主義，以及對祖國之愛（Vaterlandsliebe）。這兩個概念都相當複雜，而且都有某種可疑之處。作家圖修斯基（Kurt Tucholsky）便曾在其〈歐洲〉（Europa）一詩中寫下這樣的名句：Deutsche, kauft deutsche Zitronen!（德國人，買德國檸檬！）以一句看似愛國主義的呼喚，反諷了不假思索強調祖國之愛的荒謬：德國根本不生產檸檬（這句話後來被改成更具渲染力的「德國人，買德國香蕉！」）

另一點讓我覺得可疑的是，為什麼這一句鼓吹愛德國的標語，有一半的文字是英文？我並非語言純淨論者，可是在這樣試圖喚起愛國責任與義務感的情境下，亂入英文，不覺得反而難以達成目的嗎？

(62) 攸關系統的 systemrelevant

德國哲學家特拉夫尼（Peter Trawny）在他的臉書上寫了簡短

的一句話：「攸關系統的，與不值得存活的，指的是同一件事。」（„Systemrelevant" und „lebensunwert" sind dasselbe.）

什麼叫做「攸關系統的」（systemrelevant）？簡單解釋就是對系統來說有高度重要性的，缺少這個要素，這個系統即無法順利運作。通常會被用來形容大企業、關鍵基礎設施、或者某些重要職業，如果社會缺少這些機構或者人，便可能（或者必然）崩潰。也因此，國家必須特別保護這些企業或行業，以確保系統的順利。

在疫情期間，這個評斷重要性的邏輯一直出現在媒體或公共政策討論中，尤其，在醫療資源有限時，如何分配？而在封城時，哪些企業必須允許其繼續營運？在國家補貼受疫情重創的企業時，哪些是不被允許倒閉的？

特拉夫尼繼續留言解釋：「在攸關系統與不值得存活的情境中，同樣都是：一個社會，對於人之生命以功能的—經濟的方式（funktional-ökonomisch）來評量。」

所謂不值得存活（lebensunwert），是當年納粹官僚體系愛用的術語，用以標籤那些不被認為符合納粹意識形態的族群，例如殘障者、猶太人、同性戀、吉普賽人等等。尤其是猶太人剛被送到集中營時，納粹必須選擇哪些人是有勞動能力的，哪些人又是不值得存活、必須立刻處理掉的，在其術

語中叫做擇選（Selektion），或者更隱晦地說，「特殊待遇」（Sonderbehandlung）。

特拉夫尼的指控相當嚴厲，但也促使我們反思，為了對抗這場疫情，我們須付出、願意付出多少代價？

⑥₃ 瑞士起司防疫法 Swiss Cheese Model

瑞士的「艾蒙塔爾起司協會」（Verband Emmentaler Switzerland），發布聲明，抗議美國人在談防疫時，使用「瑞士起司模式」（Swiss Cheese Model）一詞。

根據《紐約時報》（*New York Times*），美國人說的「瑞士起司模式」指的是：防疫要能成功，維持安全距離、配戴口罩、勤洗手，三者都很重要。雖然，任何一種措施都不可能完全擋住病毒，但是，只要堅持其中一種，就能擋掉部分風險，再實施另一種，就能再擋掉一些風險，全部貫徹的話，就能將風險最小化。

與瑞士起司有什麼關係？因為切片的瑞士起司特色是，每片都可看到一個一個的空洞，如果把每個防疫步驟想成一片起司：病毒可能會穿過這個空洞，但是遇到下一片起司時，就會被無空洞的地方擋下來。所以，愈多起司疊在一起，穿過空洞的機率愈小。也因此，瑞士報紙上引用了《紐約時報》的報導，寫著：「艾

蒙塔爾起司能防護新冠！（Emmentaler schützt vor Corona!）」

為說服民眾合作防疫，各國政府無不絞盡腦汁以最簡單明白的方式宣導。例如，奧地利政府積極推廣「小象」，希望所有人都牢牢記住這個可愛動物的形象，並與他人接觸時維持一個小象距離。這個瑞士起司也是很生動易解的說法，只不過，瑞士人不怎麼高興就是了。

⟨64⟩ 生活伴侶 Lebenspartnerin

慕尼黑警察局的推特，是德國政府機關裡我的最愛。他們的推特帳號，到 2020 年年底時，有接近五十萬人追蹤，顯然我並非特例。為什麼他們那麼受到歡迎？因為時有帶著獨特幽默的推文，引發共鳴。

2020 年疫情最嚴重時，德國限制外出，設下種種條件，但也有例外。許多民眾在推特上詢問，警方也一一回答。其中不乏認真中帶點戲謔，讓人莞爾的問題或答案。有個民眾是這麼發問的：「請問，室友的女朋友來家裡並且過夜可以嗎？」警方：「如果是生活伴侶（Lebenspartnerin）就可以，否則不准。」民眾：「嗯……他的生活伴侶每週都不同人。」警方：「好吧，那就另當別論了。不准。」

有時候，幽默也不來自警方，而是民眾。例如以下這則。

民眾：「抱歉打擾，我可以與我的家人一起去拜訪我的岳父母嗎（慕尼黑－雷根斯堡來回）？謝謝。」

警方：「限制外出就是為了盡可能減少社交接觸，以中斷感染鏈。您為什麼要置您的家人與岳父母於危險中？多想一下，答案就很明顯了。」

民眾：「我只是需要您的回答，好拿給我太太看看。我自己也不想去我岳父母那裡。」

（65）沒有藝術與文化的話 Ohne Kunst und Kultur

在疫情最嚴重的時候，德語區文化界的人發起一項聲明：「沒有藝術與文化，一切都將安靜無聲（Ohne Kunst und Kultur wird's still.）。」

在政府關閉藝術表演與展覽場所時，藝術工作者受到重創。尤其，很多文化工作者並無固定合約，必須依靠觀眾與自由接案，在人們被鼓勵甚至被強迫居家避疫的時候，文化工作便岌岌可危。當總理在電視上說：「請您勿與任何人見面！」其實也預告了任何表演活動的終結。

其他產業還有利益團體代表能向國家爭取一定程度的補償，

可是這些自由工作者更是弱勢中的弱勢。誰為他們發聲？只能是自己。因此，文化工作者出面疾呼，疫情影響的不只是公共健康，還是文化多元性！

他們的標語就是，沒有藝術與文化，一切都將安靜無聲。有意思的是，這句話是黑色印刷，只有 Kunst（藝術）中的 uns 三個字母以紅色被凸顯。uns 是「我們」，這些創意人用一句標語，同時傳達：沒有我們，一切也都將安靜無聲。

(66) 違反外出禁令 Ausgangssperre missachten

2021 年 3 月，德國媒體報導一個詭異的新聞，令人不可置信，又覺好笑。那是一位奧地利男子與西班牙女子，兩人在法蘭克福長程火車站（就是機場那裡的快車車站），深夜時慾火難耐，公開進行性行為，警方獲報逮捕他們，除了擾亂公共秩序罪名外，也被加了一條罪名：違反防疫措施。因為疫情期間火車站必須配戴口罩，兩人在從事性行為時顯然無視此規定。

還有另一則維也納在 2020 年封城期間的新聞也令我印象深刻，標題叫做「侵入者因違反外出禁令受罰」（Strafe für Einbrecher, weil sie Ausgangssperre missachten），很有奧地利幽默。

維也納警方獲通報，抓到三個罪犯，他們強行侵入一家菸酒

零售店偷竊財物。警察以侵入罪名逮捕他們，另加上一則罪名：全國封城到 12 月 6 日，侵入該商店，並不在允許外出的必要理由中，因此該三人違反新冠肺炎防疫相關法規。

如果他們帶隻狗出門，應該就不會被加上這條罪名了，因為遛狗是必要理由之一。封城期間社群媒體上甚至出現一些搞笑照片，有人扮成狗，與朋友一起出門，假裝這是遛狗行為（但是當然，警方不會相信）。另外報紙上也有一則諷刺漫畫，一隻狗對主人抱怨說：為什麼附近鄰居都來跟你借狗？今天我已經出門十次了！

(67) 我真心感到痛苦 es tut mir wirklich im Herzen leid

2020 年 12 月 9 日，德國聯邦總理梅克爾在國會對全國人民做了一次極為激動的演講。那應該是梅克爾從政生涯最激動的演說時刻。媒體說，從未見過梅克爾經歷這樣的時刻，就連兩年前她宣布未來將退出政壇時，語氣平靜，一如往昔。

確實。梅克爾的談話，向來是我很推薦德語學習者觀察的內容。一來，她身為聯邦總理，幾乎所有談話都有聯邦政府為她整理文字稿，或者媒體報導談話內容，聽眾及讀者可以對照著看；二來，梅克爾說話不急不徐，清楚易懂；再者，她身為政府首長，

在螢光幕前必須以身作則，德語極為標準，使用的詞彙差不多就是教科書範本，其講話方式也是科學家式的理性風格，沒有譁眾取寵。

不過，這次演講卻不同，她的德語依然標準，但是非常激動。為什麼？因為她從中央政府發出的指令，各邦不一定同意或遵守，防疫中很多層次的工作都是地方的職責，例如是否停課？必須讓職掌教育事務的各邦決定，而德國各地的疫情嚴重程度不一，經濟狀況也不一，也使得各地有各地的考量，旅館、商店、餐廳開不開，各邦就與梅克爾不同調。而身處疫情較輕微地區的民眾，抗拒防疫措施（或者甚至否認疫情嚴重性）的比例就更高。所以梅克爾在演講中激動地說，學校不應恢復到校上課，而旅館開放是錯誤的。但她也說：「不過，這現在是我們無法克服的難題了。」她也知道自己的無能為力。

「如果這將成為我們與祖父母共度的最後一個耶誕節，那麼未來我們一定會悔恨，現在做的實在太少了。」聯邦制下，一位無能為力的聯邦總理以極具情緒的語句，呼籲各邦的決策者與民眾要謹慎度過耶誕節前的危險期。梅克爾說，「我很抱歉，真心抱歉」（Es tut mir leid, es tut mir wirklich im Herzen leid），這句德語直接的意義其實是，對我來說我也很痛苦。在她演說的同時，德國染疫速度是單日新增約 3 萬人，看著她激動呼籲，我彷

彿真能感受到她的痛苦。因為依照這種疫情擴大速度，梅克爾是對的，對不少人來說，這可能是與長輩共度的最後一個耶誕節。

68 快逃 die Füße in die Hand nehmen

某個晚上，奧地利社群媒體上最熱門的話題標籤是 #w0603，這是指 2021 年 3 月 6 日在維也納發生的那場反防疫的遊行。我在當天行經遊行隊伍，確實感受到這是個充滿組織動員能量的遊行。有些人看起來像普通市民，但也有不少人身上穿著極右派的符碼，遊行隊伍沿路咒罵，雖然可以感受到那麼多的暴戾、惡意，但是我在現場時並未看到擦槍走火的意外，回家後在社群媒體看到討論才知道，這場遊行最後還是走向暴力化。

這是場有爭議的遊行。首先，右翼政黨奧地利自由黨（FPÖ）宣稱這場遊行要爭取的是自由、民主與基本權利，可是參加遊行的人表現卻完全相反。首先這些拒絕防疫措施、否認疫情者或陰謀論者，不戴口罩，不維持安全距離，不以合規定的方式遊行，社群媒體上甚至傳出，在地鐵裡遇到這些不願戴上口罩的人，強迫他人也除下口罩；另外，媒體報導，遊行者沿途衝進一家保險公司，打傷守衛；有人扛著大衛之星，明示自己如當年猶太人一樣是暴政的受難者；警方容許遊行者違反防疫規定，許多人在社

群媒體上質疑警方未積極執法；許多採訪的媒體被遊行者辱罵、攻擊，我便看到一段由女記者發佈的手機錄影，遊行者對她丟擲啤酒瓶。

　　另一位長期報導並批評極右派活動的記者伯恩法洛（Michael Bonvalot）說，他被一些極右派份子發現其身份，因而遭受攻擊，向現場騎機車執勤的警員出示記者證求助，警員對他說：「那您就快逃啊！（Dann nehmen Sie die Füße in die Hand!）」這樣的反應讓許多網友質疑，警方作為是否適當。也有人嘲諷說，必須對奧地利警方表達敬意，因為居然在這個情況下，警員還以敬語「您」（Sie）對話。

　　這句「快逃」（die Füße in die Hand nehmen）的片語很形象，直接的意思是把腳拿在手中，意思是腳底抹油火速跑走，腳移動的速度快到視覺上彷彿看到手拿著雙腳了。這片語有時也寫成：die Beine in die Hand nehmen（手拿著雙腿）、die Beine/Füße unter den Arm/die Arme nehmen（手臂下夾著雙腿／雙腳），都很具形象地表達了速度。

⑥⑨　我搞砸了 Ich habe es vermasselt

　　德語中有許多表達「搞砸」的用法，都與屎有關。例如

verkacken、Mist bauen、Mist machen、Scheiße bauen 等（Kacke、Mist、Scheiße 都是德語中不同的屎的用法）。可見在德語中說搞砸了什麼事，就是製造出一些難以善後的屎事來。台語中在事情搞砸時有個用法「剉賽！」，與德語可說異曲同工。

不過，也不是所有搞砸，都是這麼粗魯的說法。

因為新冠病毒，2020 年全球開始流行在家上班及上課，遠距工作軟體也跟著流行。其中一個很熱門的軟體叫「Zoom」，結果媒體爆出，這款雲端視訊會議軟體的研發團隊具有中國背景，研發中心設在中國，且被專家指出具有安全和隱私問題，甚至被爆疑向北京傳輸加密訊息，以致 Zoom 創辦人及首席執行官袁徵（Eric Yuan）對安全問題「無法達到標 」致歉。紐約市教育局也發表聲明，指示各級學校「盡快停止使用 Zoom」。英國國防部、太空公司 SpaceX 與美國太空總署都宣佈禁用。

袁徵在部落格表示，「未能達到使用者隱私與安全的期待，為此，我深感抱歉」，並接受《華爾街日報》（*The Wall Street Journal*）專訪時坦言自己「搞砸了」，德文翻譯為：Ich habe es vermasselt。

vermasseln 這個動詞時常出現。例如，如果一個聚會裡，有人說了不得體的話、有不當的舉止，就可以說「搞砸了氣氛」（die Stimmung vermasseln）。根據《德意志語言數位辭典》（*DWDS*）

的解釋，這個動詞與 Massel 這個名詞相關，Massel 的意思是意外的好運，約在 1900 年左右，作為動詞被廣為使用。

因此，vermasseln 可以被想像為：把難得的好運給弄掉了，也就是把一件本來好好的事破壞了。

（70）再見了，好好保重 Baba und foi ned

2021 年 4 月 12 日晚上，媒體紛紛報導奧地利衛生部將於隔天早上召開記者會，因為之前部長住院，身體出了問題，大家推測可能是要宣佈辭職了。

果然，我隔天打開電腦看直播記者會，衛生部長安休伯（Rudolf Anschober）用平靜聲音謝謝他的同仁，宣佈離開衛生部，看得我百感交集。

他因為健康問題辭去這個職務，說奧地利需要一個身心狀態都能全力投入的衛生部長，而現在的他，「我力氣用盡了」、「我不想毀了自己。」

他其實不是醫界出身，從政以前是小學老師，第一次從政就是代表綠黨進入國會。接任衛生部長是 2020 年 1 月，我相信在這位置上這四百多天來，他應該沒有一天好過。每天都要緊張疫情，每天都被不同黨派的人以及民眾修理。要知道，他與總理不

同黨，聯合內閣中各黨有自己的主張，很多決策不是他自己能貫徹的，而很多不是他該扛的責任，他也只能默默扛起。

他是不是個好部長呢？許多民眾罵他，為了防疫，必須限制人民權利，很容易裡外不是人。何況前一年第一波封城的嚴格措施，後來被憲法法院認為違憲，更是重挫他的支持度。許多人認為衛生部是民主之敵。

我想提出一點。他職掌的部會全稱是「社會、衛生、照護、消費者保護部」，可想而知業務是重中之重，而且全與疫情有關。難怪他會說，我力氣用盡了（Mir ging die Kraft aus）。

不過，即使這麼多的業務，他還是努力促進動物權益——是的，動物保護也是他守備範圍。很多人忘了，他自稱、也被媒體稱為動保部長（Tierschutzminister），任內短短時間修改了動保法，通過多項改善措施，例如強迫餐廳必須標示其動物成分食材的來源，民眾可以知道他吃的東西是否來自注重動物權的農場；也召開「動物保護大會」，邀集相關產業與 NGO 對話。另外他也正面與皮草業者宣戰，想終結這個產業。

宣佈辭職後，好幾個動保團體紛紛發佈聲明，感謝他為動物權益做的一切，總是傾聽動保團體的訴求，盡力為動物做事，甚至說他的下台對動物來說將是災難一場。一個動保協會表達不捨，在臉書上說，Baba und foi ned（再見了，好好保重，奧地利

方言，foi ned 意思是 Fall nicht，別倒下了），也祝他與他的愛犬 Agur 此後幸福。

　　這位力氣用盡的部長，也是個愛動物的溫暖大叔哪。我也祝他保重，為了愛犬可不能倒下啊。

已用盡拉丁文

mit dem Latein am Ende

⑺ 世間榮光就此消逝 Sic transit gloria mundi

Sic transit gloria mundi，這個被縮寫為 STGM 的拉丁語句子，意思是「世間榮光就此消逝」。

這個句子在梵蒂岡有其悠久傳統，自中世紀以來，在新任教宗接任的儀式上，司儀會以蠟燭三次燒毀法袍，並三次唱出這個句子：「聖父啊，世間榮光就此消逝！」（Pater Sancte, sic transit gloria mundi!）

這個句子今日在歐洲仍被使用，包括德語區。為什麼？奧地利作家塞德拉澤克（Robert Sedlaczek）曾經在《維也納時報》（Wiener Zeitung）上寫過一篇文章〈世間榮光就此消逝〉（Sic transit gloria mundi），分析這個古老片語。他寫道，拉丁諺語在一些複雜棘手狀況下很好用，因為能遮蓋掉一些東西，即使受過極好教育的人都會頓一下，才能理解拉丁語要表達的內容。正如這句 Sic transit gloria mundi。

這個句子很可能來自十五世紀作家肯本（Thomas von Kempen）的句子「啊，世間榮光消逝，何等快速！」（O quam cito transit gloria mundi! 德語：Oh wie schnell vergeht der Ruhm der Welt!）後來，便發展為用在教廷儀式上，以強調即使是代表上帝、統領全世界天主教徒的教宗，也總是易逝的。

不過不只在宗教上，這個句子也被文學使用，例如十九世紀的美國詩人艾蜜莉・狄金生（Emily Dickinson）也在其詩中引用過。但到了今日的美國，大學生們用起這句話，不是在引用狄金生，而是作為一個無意義的空話。塞德拉澤克引用《都會辭典》（*Urban Dictionary*），舉例說，一位學生說：晚點見，而另一位學生回道：好的，sic transit gloria mundi。這裡的回答沒有任何意義，只是表示了，我受過教育，也會一點拉丁語。

而義大利極具爭議的總理西爾維奧・貝盧斯科尼（Silvio Berlusconi）在聽見另一位易具爭議的利比亞政治人物格達費（Muammaral-Gaddafi）逝世時，引用了這句拉丁諺語。為什麼？塞德拉澤克說，這兩位私交甚篤，彼此利益連結甚深，多次互訪，貝盧斯科尼甚至稱格達費為智者。義大利大約四分之一的石油來自利比亞，義大利企業在利比亞建造高速公路，而利比亞也入股義大利最大銀行以及杜林足球隊。當貝盧斯科尼在格達費葬禮上引用這句拉丁語時，是深思熟慮後的選擇。

是啊，格達費發動政變推翻君主制後，統治利比亞 42 年，直到 2011 年阿拉伯之春風潮，利比亞人民反抗格達費，起而革命。他終在 2011 年 10 月 20 日遭國民解放軍擊斃。這個一生政治與經濟榮光加身的統治者，最後下場如此，貝盧斯科尼能不感嘆嗎？

72) 純屬形式 pro forma

有一則新聞引起我注意。奧地利一個公路自行車競賽活動裡，一台汽車不知道比賽進行中，而且賽道上也沒有警示，闖入了封閉中的公路，撞傷選手。選手狀告主辦單位，但是主辦方主張，已經在賽前通知附近住戶關於比賽封路之事，並且也通知所有參賽選手，即使是封路比賽，也必須遵守交通法規。甚至這個公路路段根本不是單車應該行駛的，如果選手決定參賽，必須知道自己的風險，所以主辦單位的義務已盡，這起交通事件應該交由道路法規解決，主辦方毋須負責。

這個試圖脫責立場非常奇特，法院並不接受。法官認為，主辦方未盡完善封路並設立足夠警示的責任，不能以已經通知選手必須遵守道路法規來迴避責任。

我注意到這則新聞的原因是，法官用了一個拉丁文片語形容，主辦方通知選手應遵守法規一事，並無實際免責功能，而純屬形式：pro forma。這個片語就是指僅具形式意義的，只是讓外表呈現出來，滿足表面條件，而不具實質意義。常用於法學領域，不過在媒體上也時可見。舉例來說，如果兩人結婚並非真心，而只是為了擁有一個表面婚姻，可以說：sie heirateten pro forma（他們的結婚僅有形式意義）。

疫情期間，我讀了一個極有意思的報導。瑞士防疫規定，餐廳必須在晚上七點關閉，但飯店不需要。於是，某一家附屬於飯店的餐廳，為了維持往常的營業時間，找出一個很有創意的生意模式：餐廳客人可以預約一間房間，如此一來他們便進入了一個法律灰色地帶（或者說漏洞），可以在晚上七點後繼續在此用餐。媒體的報導裡，就稱之為「形式房」（Proforma-Zimmer）。

當然，我前面提到的書店被迫轉為咖啡店，以買咖啡「送」書的方式經營，咖啡也成了 pro forma 的最佳例子。

(73) 失去意義 ab absurdum führen

說到書店與餐廳疫情期間的荒謬情境，還可再繼續說。

為什麼只有餐廳可以外帶？為什麼其他的商店不行？我們可以想像，在某家服飾店網站下單，或者打電話訂購，然後自己去拿（台灣人一定很熟悉，這就是網購面交的模式啊）。這並不會比餐廳外帶更具風險，可是為什麼必須被禁止？奧地利政府於 2020 年 11 月第二次封城祭出的規定，引起許多商家不滿。

在那一年的上半年第一次封城時，是可以「訂購後去取貨」的，媒體稱之為「Click & Collect」模式；而第二次封城，只能透過網路訂貨然後寄送。這導致什麼後果？無能經營電子商務的

小商家更落於劣勢，只能被迫休息，幾乎所有網購的客戶都跑到跨國電子商務巨頭那裡。平常靠著辦讀書會、提供客人選書建議的街角的書店，本來面對網路書商就節節敗退，何況是被強迫不許接受實體客人的時候？

奧地利政府的解釋是，餐廳與超市一樣，賣的是必需品，民以食為天，你不能關餐廳，只能在允許其開放下，改為外帶，把風險降到最小。可是其他非必需品的商家不能與餐廳比較。如果所有的商家都希望採用「Click & Collect」模式經營，那麼所有人都會出門取貨，也都無可避免會接觸人群，最終，封城將失去意義。

「失去意義」這個概念，媒體以「ab absurdum führen」表達。這是個典雅的拉丁文書面語，是使之成為荒謬的意思。也許這個片語，完美表達了時代的精神。

(74) 直接進入核心 in medias res gehen

德國廣播電台有個 Podcast 節目，名稱叫 @mediasres，談論媒體議題。不過這個名字其實不是德文，而是來自拉丁文 medias res，原來也不是媒體議題的意思，而是「中間的（medias）事物（res）」，意思就是實事。這個典故來自羅馬時期的詩人賀拉斯

（Horaz）的《詩藝》（*ars poetica*），他稱許希臘作家荷馬在寫作時直接進入劇情之核心（in medias res gehen）。

不過，這個片語在今日的德語世界已經愈來愈少人使用，人們通常說 zur Sache kommen，以表示不拐彎抹角。但是在法學中仍可見，而文學及電影領域也是個常被用到的概念，意思就是賀拉斯稱讚荷馬的那樣，直接進入劇情中，沒有預先的鋪陳。例如，《不可能的任務 3》電影裡，湯姆・克魯斯飾演的情報員伊森・韓特在開場就被綑綁刑求拷問，觀眾直接看到一般電影發展到後來才會出現的劇情，這就是 in medias res 的開場。

順帶一提，在奧地利許多中學，拉丁文仍是重要的學習科目，在書店的中學課本區會看到一套很受歡迎的拉丁文教材，書名就叫 medias res。

75 正義無論如何須被實現
Fiat iustitia et pereat mundus

有一句拉丁文片語 Fiat iustitia et pereat mundus，時常被政治哲學家及法學家使用，德語世界也非常喜歡用這句書面語。意思是：正義須被實現，即使世界毀滅也在所不惜。

當代政治哲學花了很大力氣討論這句法諺中的難題。什麼是

正義？正義的成立有條件嗎？正義是絕對的，還是相對的？正義有文化差異嗎？要花費多少代價維繫正義？如果某人的正義要被實現，必須以他人世界的毀滅作為代價，可以嗎？倫理學中的電車難題（殺一人救多人，為什麼可以或為什麼不可以？），正是在思考這句拉丁語是否能成立。

這句諺語，影響了馬丁‧路德與康德，他們都曾經在傳道或文章裡翻譯，並以自己的思想解釋。馬丁‧路德有句被傳頌的名句：「我就站在這裡，我只能如此（Hier stehe ich. Ich kann nicht anders）。」不也正是這句諺語的另一種版本嗎？而同樣他還有另一句許多人記得的名言「即使我知道明日世界將毀滅，今日我也要種下一顆蘋果樹。」（Wenn ich wüsste, dass morgen die Welt unterginge, würde ich heute noch ein Apfelbäumchen pflanzen.）其實也是那句諺語的顛倒版本：即使世界即將毀滅，我也要實現我的正義。（不過路德是否真說過這兩句話，仍無法確證。）

我曾在德國另類選擇黨（AfD）論壇上看見某人批評聯邦政府無論如何都要接收難民的政策時，這麼寫著：「Fiat iustitia - et pereat Germania!」（必須實現正義，即使德國滅亡也在所不惜！）且不論其內容真確與否，能使用深植德語區人心的這句拉丁語表達其立場，非常到位。

76 酒後吐真言 In vino veritas

有一句常在德語區被使用的拉丁語諺語：In vino veritas，意思是，在酒中有真理，也就是中文說的酒後吐真言之意。這句話有時候也被寫成更親民的德語：Im Wein liegt die Wahrheit。

據說其典故由來是，羅馬時期史家塔西圖斯（Tacitus）記錄，日耳曼人在開會時，總是會「聚酒」，因而確保大家在會議上說的都是真話。不過，現在因為這句拉丁語太過漂亮，倒不一定被使用在形容酒後吐真言的情況下。凡是與酒有關的情境，人們都喜歡秀出這句話，例如許多品酒會的海報、酒商促銷廣告。維也納的博物館也曾在前幾年辦過一個關於古埃及酒文化的展覽，名稱就是這句諺語。

2020 年 12 月中國與澳洲兩國關係緊張，許多國家政治人物紛在社群媒體上貼出購買澳洲酒的照片，對華政策跨國議會聯盟（Inter-Parliamentary Alliance on China）的多國議員更是錄製影片，人人手執酒杯，說喜歡的是自己國家的酒，但是為了力挺澳洲，這次要喝澳洲酒！有篇德語新聞報導這件事，標題正是：In vino veritas。

⑰ 潘趣酒之法 Lex Punsch

　　歐洲的冬天少不了酒，在德國耶誕市集上，到處都販賣用肉桂等香料煮成的 Glühwein（熱紅酒）。而奧地利人除了喝熱紅酒，還喜歡喝 Punsch，中文稱為潘趣酒。據說由英國人從印度帶回歐洲，也是加香料、糖、檸檬或果汁、水、茶、酒（通常是烈酒）等熬煮成的酒精飲料，如果是給小孩喝的就不加酒。這種飲料除了在耶誕市集販售，一般餐廳多也有賣。冬天時走在歐洲街道上，買一杯熱潘趣酒喝，最是溫暖，也因此這種酒對奧地利人來說與冬天的記憶緊緊相連，可說「冬季時光，潘趣時光」（Winterzeit, Punschzeit）。

　　然而，2020 年的冬天是例外。因為奧地利政府宣佈，取消耶誕市集，也不許餐廳在 2021 年 1 月 6 日解封前販售外帶酒精飲料，包括潘趣酒，希望以酒精禁令減少人們群聚，控制疫情。不過，如果是密閉瓶裝，而非以傳統方式杯裝販售，則允許於 6 點到 19 點之間外帶。

　　媒體給這些防疫法令冠上一個有趣的名稱：「Lex Punsch」，潘趣酒之法。

　　Lex 是拉丁文「法令」之意，已經生根在常用的書面德語裡，常見於戲稱某項法令，尤其是在某法令只是為某對象量身訂做、

為了解決某一特定問題時，會冠上這個外來語。現在已經倒閉的德國連鎖超市許雷克（Schlecker），當年曾經藉由解雇正職轉成短期打工方式節省人力成本，聯邦總理梅克爾大怒，勞動部後來修補法令漏洞，禁止此種傷害勞動權益惡行，媒體即稱該次修法為「Lex Schlecker」。

(78) 放棄與留職停薪 Karenz

讀奧地利的《司法官職務法》（*Richter- und Staatsanwaltschaftsdienstgesetz*），讀到規範留職停薪的權利義務，有個概念 Karenz 很有意思。

這個字我之前就知道，很好奇為什麼用了 Karenz 來形容留職停薪，不過沒有仔細探究。再次遇到，不能不理，便翻了幾本字典，將其脈絡整理出來。

Karenz 來自拉丁語，carentia 或者 carere，意思是不擁有、放棄，在今日義大利語也還存在著 carenza 一字。德語大概可以說是 nicht haben, entbehren, verzichten 等。有以下相關用法：

1. 如果在奧地利只寫 Karenz，多半指的是育嬰假，或者也可以說 Elternkarenz。但是這也是「留職停薪假」的縮寫（Karenzurlaub）。

2. 所以，Karenzgeld 就是育嬰津貼，在德國多會用 Kinderbetreuungsgeld 這個字。

3. 動詞用法，申請留職停薪：karenzieren。這段期間的職務代理就是 Karenzvertretung。

4. 相關的時間字彙：Karenztag, Karenzjahr, Karenzzeit。

5. 另外，Karenzzeit 也不一定就與留職停薪有關，也可泛指等待期（Wartezeit）或效力尚未發生期（Sperrfrist），保險業很喜歡用這個字，意思是一份保險投保尚在審核時。

6. 醫學也喜歡用這個字，Karenz 或 Nahrungskarenz，意思是在一段時間內中斷飲食，例如手術麻醉前。

⑲ 香港，你何去何從？Quo vadis, Hongkong?

2020 年 11 月 9 日，中國人民大會決議，香港反對派立法會議員不須經法院判決，直接喪失資格。德語區媒體均認為此意謂著「給予香港反對運動致命一擊（Todesstoß für Hongkongs Opposition）」，一國兩制原則已告終結，反對運動已死。

奧地利「無疆界記者」組織的 Podcast 節目，立刻播出一集討論香港民主運動消亡事，標題叫：「香港，你何去何從？」（Quo vadis, Hongkong?）

「Quo vadis?」是拉丁語，直接翻譯意思為「你往哪裡去？」這句話出現在《聖經・約翰福音》（13, 36），講述耶穌已知猶大將出賣他。他為弟子們洗完腳後，猶大離席，耶穌要餘下的門徒必須彼此相愛，然後他將離席，其門徒彼得便問：「主往那裡去？」耶穌不答去處，僅說彼得不能跟。彼得堅持，說必跟隨耶穌，且將為耶穌捨命。接下來就是那段著名的耶穌預言：「你要三次不認我。」

那句「主往那裡去？」，就是「Domine, quo vadis?」，德文翻譯為：「Herr, wohin gehst du?」因為過於知名，所以後來這個拉丁語也成為德文世界慣用的外來語，時常用來詢問事情將會有何發展。常會在迷惘不知所措的情境下，以此古語問，下一步該怎麼走？2015 年，德國難民危機爆發時，我正住在法蘭克福，當時家附近的某政黨支部便辦了個座談活動討論難民議題，座談會名稱就是：Quo vadis, Europa?

80 上訴法院 Kassationsgericht

Kassationsgericht，這個詞很少在德國或奧地利使用，但在瑞士是常見的司法機構名稱。這是瑞士各邦針對法院之判決做出再審（或者說終審）的上訴法院。而這個法院所作出的裁決，德語

就叫上訴裁判（kassatorische Entscheidung）。

根據瑞士蘇黎世上訴法院的網站，這麼解釋上訴法院的功能：「上訴法院是作為民事或刑事案件的第二審或第三審法庭。民事案件裡，上訴法院審理的是針對高等法院（Obergericht）以及商業法院（Handelsgericht）的判決之上訴；而刑事案件則是針對高等法院作為第一審、以及陪審法院（Geschworenengericht）所作的判決。」（不過，在司法制度改革後，上訴功能已經納入各級法院再審制，這個上訴法院現已失效。）

我並不是司法專家，之所以特別注意上訴法院，並非因為對這個制度感興趣，而是這個詞彙吸引我：Kassation。這個字來自拉丁語 cassare，意思是「毀滅、使無效」（vernichten; ungültig machen），所以所謂 Kassationsgericht，顧名思義便是毀去之前已做成之判決的法院。

Kassation 仍存在歐洲其他語言中，例如上訴法院在法語中是 Cour de cassation，在義大利語中是 Corte di Cassazione。

在奧地利還是會用 Kassation 來形容宣告前一審法院之判決無效，但是在德國，上訴多用 Revision 一字，如果使用 Kassation 這個字時，通常是指檔案銷毀。行政機關如果未經建檔、歸檔便任意銷毀檔案，或者未經正當程序便銷毀已建檔檔案，就叫 wilde Kassation（wild：野的、任意的），是違法行為。在德國歷

史上最知名的案例，就是 1998 年聯邦總理柯爾（Helmut Kohl）即將結束任期時，必須移交檔案給即將執政的社民黨總理施羅德，後來國會卻發現柯爾辦公室銷毀檔案及文件，至於是否違法，最後甚至委託第三方專家機構調查，檢察官亦立案，但是最後查無明確違法證據。

順帶一提，在古老的用法中，Kassation 也用以指稱對軍人或公務員的無條件解雇，通常是因為發生瀆職事由。

(81) 已用盡拉丁文 mit dem Latein am Ende

在關於英國脫歐議題裡，出現一個很有趣的片語：mit dem Latein am Ende，「已用盡拉丁文」，意思是已窮盡所知，仍無能為力。類似中文說黔驢技窮。

2020 年 9 月上旬，英國又開始作出預料外的行動。英國簽署脫歐協議後，於 2020 年 1 月正式脫離歐盟，但仍依脫歐時簽訂協議，直到年底仍留在歐元區內，在這期間歐盟將與英國談判貿易協議，以處理脫離歐元區後的往來規定；此外，北愛爾蘭和隸屬歐盟的愛爾蘭之間邊界必須維持開放，因此脫歐後，部分歐盟規則仍將適用於北愛。

然而英國於九月時突然提出一份「內部市場法案」（Internal

Market Bill），推翻了脱歐協議中關於北愛爾蘭的規定，導致全歐盟跳腳，歐陸的政治人物紛紛發言批判英國單方面推翻國際協議的作法——當然這就是「挑選葡萄乾」（Rosinenpickerei，指挑三揀四，見本書 259 頁）。可是，他們對英國首相強森，真是一點辦法都沒有。奧地利報紙《新聞報》社論便下了一個標題：「歐盟的拉丁文已用盡」（Die EU ist mit ihrem Latein am Ende）。

這是一個天才的標題，因為歐盟真的用了拉丁文。社論藉由回應另一件事，凸顯歐盟的困境：英國宣佈他們將推翻脱歐協議時，德國籍的歐洲執委會主席封德萊恩（Ursula von der Leyen）說了一句重話，而且是用拉丁文：Pacta sunt servanda——意思是契約必須被遵守。讀過伊頓公學與牛津大學的強森，當然知道封德萊恩想對他說什麼，可是，有些問題，你真是用盡一切拉丁文都解決不了的。

阿斯珀恩雄獅

Löwe von Aspern

82 我愛，我歌 Ich minne, ich singe

有一個德語字 Minne，今已消逝於日常中，如今這個字（與這個概念）多只出現在文學作品中。然而在中世紀時，這是一個無比豐富重要的概念。大致上這個字可以翻譯為愛，也就是今日所說的 Liebe，但這只是未盡全意的翻譯。

根據《杜登》字典解釋，Minne（古高地德語寫成 Minna）原是指愛，但不一定是男女之愛，也可以是對朋友、對家人及上帝之愛，但 12 世紀之後，演變為中世紀時宮廷騎士對於地位更高的尊貴女子的思慕之情。他不一定需獲得回應（女子通常是有夫之婦），Minne 依然存在；那不只是愛，還是在那個封建時代中對彼此的社會義務，騎士以騎士的方式愛著，以他的愛，確認了一位女子更高的地位。

這種愛，也可稱為「高尚之愛」（Die Hohe Minne），不過，也有另一種不那麼高貴的、精神性的情感，被稱為「低下之愛」（Die Niedere Minne）。不管是哪一種，都是詩歌喜愛傳頌內容。思慕之歌稱為 Minnesang，唱著這種歌表達愛意的人就是 Minnesänger。中世紀時就有這樣的詩句：「我愛，我歌（Ich minne, ich singe）。」

不過，德國符茲堡大學日耳曼語言學教授克萊恩（Dorothea

Klein）表示，這種思慕之歌雖然可以表達愛意，但是最重要的意義並非追求女性，而是一種文學史中重要的文學類型。在六〇年代德國思慕之歌的歷史地位，在歌詞中看到的不只是把女性完美化、烏托邦化，還看到了政治訊息，看到某種藉由愛而貫穿國族情感的語言。

（83） 不要買袋子裡的貓
Kaufen Sie nicht die Katze im Sack

　　報紙上有則廣告，一隻貓在袋子裡，廣告標語寫著：Kaufen Sie nicht die Katze im Sack，意思是「請您不要買袋子裡的貓」。

　　這是引用一個有趣的德語片語：Die Katze im Sack nicht kaufen（別買袋子裡的貓），真正意思是：不要盲目花錢，小心謹慎為上。這個廣告是電信商刊登的，就是告訴消費者，要真正研究過、貨比三家，不要被花俏的話術欺騙，或者只顧便宜卻沒真的試用就買了。

　　這個德語片語歷史悠久，古代在市場上交易，有些無良商人跟顧客約定好了要賣小豬、小兔子等等經濟動物，卻趁顧客不察把貓放進去。因為貓的繁殖力強又不是經濟動物，所以基本上並不是可以拿來市場交易的商品，所以粗心的顧客沒有好好檢查，

袋子提回家後才發現自己被騙。如果簽訂合約前沒有好好讀過，或者下載手機軟體根本沒檢視軟體要求的權限就同意，都可以算是買了袋子裡的貓。

84 踩在袋子上 auf den Sack gehen

說到袋子，還有個德語片語值得談：auf den Sack gehen。踩在袋子上。意思是形容某個人或某物很討人厭、很煩。例如，如果某一首歌很紅，某段時間大街小巷都在播，聽得你快抓狂，你可以說：這首歌踩在我的袋子上（Der Song geht mir auf den Sack）。

我查到的典故有兩種。一是來自中世紀，地主在邊界上堆積袋子，跨越袋子的人，就是走過了不屬於他的土地，是越界的、難以忍受的行為。另一種解釋比較粗俗，「袋子」用以指男性的陰囊（德文全稱 Hodensack），踩在這樣的袋子上，自然很讓人厭煩。哪一種較有說服力？網路上兩派人爭論不休，不過，採信後者的人居多。

後者比較有說服力，因為還有其他類似的說法：auf die Eier gehen（踩在蛋上，這個應該不用解釋了）、auf die Nerven gehen（踩在神經上）。另外還有個字形容神經被不斷折磨：

Nervensäger（神經的鋸子，即很磨人的人事物），想像有把鋸子不斷在你的神經上拉鋸，光想就煩。

85 聚集出一個世界 Thing

我在《德語是一座原始森林》寫日耳曼人在條頓堡森林與羅馬人血戰的歷史故事時，當時心想真是太適合 Netflix 的題材了。可是，要拍得好真難，不是要重現條頓堡森林之役很難，而是那些羅馬與日耳曼部族之間的複雜關係，以及難以重現的語言，要拍得好，真難。

2020 年，終於拍出來《蠻族》（*Die Barbaren*，臺灣翻譯為蠻戰之森），非常精彩的作品，最令我著迷的是劇中重現拉丁語的場景，喚回了羅馬人以及一個當代已不再使用的古語言。

編劇們喚回的不只是羅馬人，當然還有日耳曼人。劇中日耳曼各部族的代表聚會，我注意到編劇用了一個現代已經不用的古語：Thing。這個字在當代德語中是「物」（Ding）一字的語源，在今日英語的 thing 中還可看到這個日耳曼語的痕跡。但是古時日耳曼部族的 Thing 其實就是「聚集」（Versammlung），是人與人群聚、面對面、構成共同體之處，有其神聖性（劇中舉行 Thing 時便強調這個場合不能流血）。

《格林德語大詞典》這麼解釋 Thing：「日耳曼部族大會以及審判會」（germanische Volks- und Gerichtsversammlung），可知這種集會除了聚集討論重要事務，也針對爭議尋求共識、做出裁判。與此相關的概念還有聚集處一詞（Thingplatz; Thingstätte）。

正是在這個意義上，哲學家海德格把 Ding 回溯到 Thing，說了一句難解的話：「Das Ding dingt」（直接的意思是，「物，物著。」或者說，物，形成了物），意思正是世界在物中產生，但原初意義上是在聚集中產生，或者說，在聚集中構出了一個世界（Es versammelt eine Welt.）。法國哲學家德希達（Jacque Derrida）在《野獸與主權者研討班》（*Séminaire La bête et le souverain*）中也提及海德格這個用法，並指出其實 Ding / Thing 是正義之神創造出的聚會，也是審議、論辯、爭執、決斷之處。

86 老婦之夏 Altweibersommer

讀到一個說法，很有意思：Altweibersommer，由 Altweiber（老婦）與 Sommer（夏天）組成。意思是，晴朗的、甚至還是溫暖的早秋。也就是夏天的晚期，秋天剛剛開始時。此時氣候乾燥宜人，不冷不熱，天色清明，站在山峰，能見遠處。至於為何這樣的天氣與老婦有關？沒有明確的解釋。有時也寫成 Frauensommer

（女人之夏）、Mädchensommer（少女之夏）。

　　與老婦相關字彙還有 Altweiberfastnacht，這是德語區聖灰星期三（Aschermittwoch）前的那個週四。這天是很多地方舉辦嘉年華會的時間，根據德語維基百科說法，這個節日是讓女性站出來的一天，因為中世紀的性別權力關係是男性主導，但還是有這一天顛倒此權利關係，讓女性作為例外，在「老婦嘉年華會」現身。

　　另外這個字 Altweibermühle「老婦磨坊」，是德語區中世紀流傳來的古老傳說，描述進入磨坊的老婦，受魔力轉化為少女。似乎在每個文化中都有關於返老還童的想像，日耳曼人重拾青春，則是在他們的磨坊裡。

(87) 我八十了 Ich bin auf achtzig

　　有個片語 Ich bin auf achtzig，直接的意思是「我在八十」，真正的意思是我很憤怒。

　　第一次讀到這個片語時，我很納悶，到底意義何來？原來我以為八十是歲數，可是一方面文法不對（歲數並不需要加上 auf 這個介系詞），另一方面為什麼八十歲的人會憤怒呢？意義上也令人費解。後來，與身邊德國友人聊天時，談及我的疑惑，她為

我解惑，說那是速限的意思。

原來，當年德國開始營運高速公路時，最高速限就是八十公里，而「我在八十了」，意指我的情緒已經到極限了。不過，網路上有另一個說法，認為八十是指血壓，但我繼續查了相關資料，應該還是公路速限說法才屬實。

如今，時代的改變，造車工藝的進步，法律的鬆綁，已經使得八十的速限不再有意義，因此這個片語今日也不再被這麼使用。如今人們常常說的是當代版本：ich bin auf hundertachtzig（我在一百八了）。我在德國開車時，偶爾在無速限路段上真的開到一百八，確實感受到那真是我的極限。

(88) 阿斯珀恩雄獅 Löwe von Aspern

維也納東方郊區有一座巨大的國家公園羅伯奧（Lobau），廣闊無邊的密林，是維也納市民極愛健行之處。我也時常在那森林公園裡享受安靜的時光。

不過，兩百多年前，這座森林曾經血跡斑斑。

1809 年 5 月 21 日及 22 日，如日中天的拿破崙揮軍至多瑙河畔，擬穿越森林渡過大河，一舉拿下維也納。法國大軍進攻的起點就是今日的羅伯奧國家公園，現在在公園裡，還有八塊當年

埋下的紀念碑，以記錄那場血腥無比的戰役。

奧地利人稱之為阿斯珀恩（Aspern）戰役，法國人稱之為埃斯靈（Essling）戰役——這兩個名字都是當地的地區名——這是拿破崙第一次遭受決定性的敗戰。奧地利卡爾大公（Karl von Österreich-Teschen）統帥奧地利大軍，以壓到性的人數優勢擊潰法軍。今日維也納市區的埃斯靈巷（Esslinggasse），就是為紀念此戰役而命名。

我站在森林裡，幾乎不見天日的密林中尋得一塊碑石，上刻著：「法國人之墓」（Friedhof der Franzosen）。一旁的解說牌上記載，此地大約埋葬三千名法國士兵。站在此碑前，我真覺得耳邊戰鼓聲不息，鬼氣森森。

但法軍陣亡不只三千，據統計大約有七千三百位法國人死亡；只是，奧地利軍隊也有四千多人戰死。在阿斯珀恩區的街上有一座獅子雕像，原來應該雄偉的獅子卻倒地不起，這座「阿斯珀恩雄獅」（Löwe von Aspern）就是悼念當年戰死的奧地利軍人。這場戰役對奧地利來說，是保住帝國的重要歷史時刻，然而也是一場「皮洛士之勝」（見本書 182 頁）。

· 法國人之墓與阿斯珀恩
雄獅

89 　馬鈴薯假 Kartoffelferien

　　我在臉書上貼了一張家附近書店的關門照片，寫道：前一陣子要去買雜誌的時候，我家隔壁的小書店不開，門口貼了一張字條：「親愛的各位，我放秋假了，11 月 3 號以後，我會再回來。」我說，我還不知道有「秋假」這種東西。遂有不少人留言回道，有啊，學校小孩都有秋假的。

　　其實我是知道歐洲的學校會放秋假的，不過沒想到書店也有這種假。但轉念一想，書店老闆說不定有小孩，小朋友放假了，他便跟著放，也是正常的事，更何況，書店是自己開的，愛放什麼假就放什麼假。而且，在疫情最嚴重的時候，反正也沒生意，不如就在家，愛休息多久就休息多久吧。

　　比較有趣的是一位住在德國的朋友留言道，在他們北萊茵西法倫邦（NRW）是有秋假的，只是在他小時候不叫做秋假，而叫「馬鈴薯假」（Kartoffelferien）。

　　我第一次讀到這個說法，很好奇，遂查了資料，原來德國戰後大約 1950 到 60 年代，人工短缺，所有人到了馬鈴薯收成的秋季時，就必須下田幫忙，老老少少男女都是，這時候當然也管不得你小孩子們是不是要上學，家計最重要了。也因此學校順理成章放假，那就是「馬鈴薯假」。也多虧了馬鈴薯假，很多家庭得

以有足夠糧食，度過嚴冬。

題外話，馬鈴薯這個字，德國與奧地利的說法不同，德國的 Kartoffel 到了奧地利以及瑞士就變成 Erdapfel，意思是土地中的（Erd）蘋果（Apfel），此字應該是受到法語 pomme de terre（法語的馬鈴薯，直譯為土地中的蘋果）影響。所以，如果依照奧地利及瑞士的用法，馬鈴薯假可能會變成「土地蘋果假」（Erdapfelferien）。

(90) 每芬尼都得翻兩次 jeden Pfennig zweimal umdrehen

德語中形容人貧窮，有幾個有趣的片語。

首先是「每芬尼都得翻兩次」（jeden Pfennig zweimal umdrehen），芬尼是很早以前德語區最小單位的硬幣，形容每次要買東西前，連一分錢都要斤斤計較。不過隨著時代演變，芬尼早已不存在，這個片語換成硬幣（Münze）、分（Cent）、歐元（Euro）都可以的。有些地方也喜歡寫成三次（dreimal），更顯得其捉襟見肘所以需要衡量再三。

在英國哲學家羅素（Bertrand Russel）的《西方哲學史》（*Philosophie des Abendlandes*）德文本裡，寫哲學家盧梭年少時極為貧窮，德語譯者用了一個生動的說法：von der Hand in den

Mund leben，字面上指的是靠著吃放到嘴裡的手過日子。什麼都沒得吃的時候，只能餓到吃手了。

91　作響的硬幣 klingende Münze

說到硬幣（Münze），這個字值得再多談談。

這個字的存在可能與金錢在日耳曼社會的存在一樣久遠，在中世紀的中高地德語就是寫成 münze。因其歷史悠久，在德語裡有不少與這個字相關的用法。

klingende Münze，意思是「作響的硬幣」，亦即你聽得見的錢，現金，非虛幻的，而是具體可見的利潤或收入。例句：eine Idee in klingende Münze umsetzen（把一個想法實現而獲利）。

而 in/mit gleicher Münze heimzahlen/zurückzahlen，以同樣的硬幣償還，正是以牙還牙之意。

錢幣看來單純，可是如何做出以及發行錢幣，也有其專門學問的，「錢幣學」就叫 Münzwissenschaft、Münzkunde，或者也可以更學術一點說：Namusmatik。

錢幣可以與其許多字合組複合字，例如維也納街頭會看到這樣的商店招牌「Münzwäscherei」（投幣自助式洗衣店）。也有一些很帶著歷史氣息的，例如公用電話，很久以前曾經叫

做 Münzfernsprecher，「投幣式遠距通話器」，今日這麼說已經不會有什麼人懂了，Münztelefon 的用法可能還看得見。另外，今日我們理解的發行錢幣的權利（或權力）屬於國家，德語叫 Münzhoheit（錢幣高權）或者 Münzrecht（錢幣權），在神聖羅馬帝國時期，某些帝國城市在皇帝允許下是有這種造幣權利的。

92 李發斯柱 Litfaßsäule

疫情期間，維也納市區，到處掛起兩張海報，黑底上寫著白色醒目的標語：沒有文化的話，我們的眼睛只是過濾光線的工具（Ohne Kultur sind unsere Augen nur Lichtsensoren）；沒有文化的話，我們的耳朵只是用來架眼鏡的工具（Ohne Kultur sind unsere Ohren nur Brillenhalter）。

值得注意的是，這些海報是由一家叫做 Kulturformat 的廣告公司所設計張貼的，該公司隸屬 Gewista 公司。Gewista 全稱是維也納區市立廣告公司（Gemeinde Wien- Städtische Ankündigungsunternehmung），成立於 1921 年，負責所有市區廣告業務，例如電車、地鐵站、街道上公佈欄、電燈海報牌等等，可說獨佔了維也納市海報張貼業務。

維也納區市立廣告公司位於李發斯路（Litfaßstraße），也是

· 維也納街頭到處可見
的李發斯柱。

有意義的路名。在德國及奧地利街道上，常可見圓柱形的海報張貼柱子，這種柱子在 19 世紀中時，由柏林的李發斯公司（Ernst Litfaß）設計製造，因此德語便稱之為李發斯柱（Litfaßsäule）。這種柱子象徵了這些年來德國隨著資本主義經濟制度一起發展的廣告業，也已經成為德語區大城市不可或缺的風景，柏林甚至將部份極具歷史的李發斯柱定義為應受保護及紀念的文化財。2005年時，德國郵政也發行了特別郵票，紀念李發斯柱 150 週年。

疫情期間文化活動暫停，無數李發斯柱上都不再有文化策展單位張貼海報。該公司只好自己設計海報自己貼，提醒大家，眼睛與耳朵除了接收光線與架眼鏡外，還有更高的目的。

93　約伯的消息 Hiobsbotschaft

德語中有一個說法：Hiobsbotschaft（或者 Hiobsnachricht），直譯為約伯的消息，在德語中意指一個極為不幸的噩耗。

這個用法當然來自《聖經・約伯書》。根據聖經學網站（http://www.bibelwissenschaft.de/）解釋，約伯 Ijob （'ijjôv）一字在希伯來文中意指求助於上帝，在古巴比倫文中這名字意指「天父何在？」〔Wo（'ej）ist der（göttliche）Vater（'āv）?〕，然而希伯來人聽這個 'ijjôv 名字時，會與「敵人」〔בייא（'ojev）"Feind"〕這個字連接，因此在希伯來文中約伯也帶有上帝之敵〔"der Feind（Gottes）"〕或者受上帝敵視者〔"der（von Gott）Angefeindete"〕的意思。而在《可蘭經》中，這個名字又指向「懺悔者」（'awwāb "Umkehrer / Büßer"）。

所以可知，約伯一方面求助於上帝，另一方面卻又被上帝敵視，最終必須悔悟，可說處於極為無助的狀態中，何以如此？必須進到《約伯書》的文本中。開章敘述約伯為一個極虔誠敬神之

人，然而，一個重要的問題被提出：我們為何敬神？他的虔誠是否無條件的？上帝問了撒旦：「你注意到我的奴僕約伯嗎？像他那樣的人世間少有，無可指責、正直，敬畏神且迴避惡。」（Ijob 1,8）而撒旦懷疑約伯只是有條件地敬神：難道約伯敬神不是出自某種原因嗎？（Ijob 1,9-11），他提議上帝應考驗約伯，看看這種敬畏與虔誠是否是絕對的（grundlos, unbegründet und zweckfrei），於是約伯失去了所有財產、十個兒子與健康。約伯之妻問，為何這個他們所敬畏的上帝要讓這種事發生，她要求約伯放棄敬畏並詛咒上帝，然而約伯並不怨神，而是全面性的懺悔。他說，如果我們接受上帝之好意，對於惡，我們也一併接受吧（Ijob 2,10）。最後，約伯通過了考驗，在終章，上帝讚美約伯的忠實，並給了約伯兩倍被撒旦所取走之物。

因而約伯的消息，便在德語脈絡中用以指稱一種噩耗，這個噩耗告知我們必須承受某種苦難或不幸。當年德語媒體報導福島事件中時常出現這個字，例如「來自二號反應爐、新的約伯消息」（Neue Hiobsbotschaft aus Reaktor 2）這樣的標題，便道出德國人看著福島核災的驚恐心態。

「德語研究所」（IDS, Institut für Deutsche Sprache）編寫的《新詞彙：德語九〇年代產生的新造字》（*Neuer Wortschatz: Neologismen der 90er Jahre im Deutschen*）很有意思。這本書列出九〇年代以來德語地區產生的新字，不只呈現語言的變化，更清楚地呈現了德國自九〇年代以來的社會、歷史、文化的形貌；是一本辭典，但卻不只是辭典，更是一部史書，透過語言流變，讓讀者直接面對統一後的歷史。

裡面的新造詞大約分幾類：

一、科技：九〇年代是電腦發展的關鍵時期。在語言的領域裡，也趕上了這個時代，所以這本書裡也有一些因應電腦科技而造出的字。其中又分兩類，一是直接借自英語，或者稍作改造，例如 chatten、Chatraum、Cybersex、E-Mail（E-Mail-Adresse）、Browser 等；另一種是在原有的德語字中改造出配合電子科技應用的詞義，例如 anklicken（點擊）、Datenautobahn（資訊高速公路，或 Datenhighway, Infobahn, Infohighway, Superhighway）、Digitalkamera（數位攝影機）、doppelklicken（雙擊）、Flachbildschirm（液晶螢幕）等。

二、文化：九〇年代最明顯就是全球化的發展，舊大陸深

深受新大陸影響，也反應在語言上。德國在統一後生活面對快速變化的全球社會，語言跟不上變化的速度，常就直接向變化所來自的社會借用外來字。所以很多德國原來沒有的生活形式都必須以英語來表示，例如 Extremsport、Electronic Banking、Edutainment、E-Commerce、Dailytalk 等。

　　有時也不一定要用英語表示，德文會造出自己的字（不少來自德文中已存在的拉丁文字）以表示新時代的概念，例如 Globalisierung（全球化）、Globaler Dorf（地球村）、Billigjob（低薪資工作）、Genlebensmittel（基因改造食物）、Couchkartoffel（=die Couchpotato，沙發馬鈴薯）、Gesichtserkennung（臉孔辨識）、Homoehe（同性戀婚姻）等。有些字非常有專屬於九〇年代的特質，放到現在來看理所當然或甚至有一點過時，但是那時卻是非常先進的概念，例如 Girlpower、Boygroup、Chill-out。

　　三、政治：九〇年代以來不只是德國，全歐洲都有巨大的政治變動，因此產生很多相應的新字，例如 Euro 以及其衍生字如 Eurocent、Euroland、Eurowährung 等等。也可以看到 Kerneuropa（核心歐洲）、Mauerschütze（柏林圍牆守衛）、Political Correctness、politically correct、die politische Korrektheit 等表達出九〇年代時代精神之詞。

　　從這些字詞，我們看見一整代人怎麼說話、怎麼過生活，九

〇年代大概也是我對語言最敏感的時期——從高中到碩士畢業，我剛好過完整個九〇年代。這整整十年，我也不斷嘗試著不同的存在方式，接觸了不同城市的生活，使用電腦，學了英語以外的外語，我自己的九〇年代的時代精神，其實也伴隨著我自己的思想及語言發展，讀這本書，總是讓我窺見那個年代，一些美好的、略略褪色的、彷彿總在變化中的氣氛。

95 皮洛士之勝 Pyrussieg

Pyrussieg，直譯是皮洛士的勝利，意思是慘勝，與「樂勝」（Kantersieg）是相反概念。

這個字的典故來自羅馬時代，公元前 279 年，伊必魯斯（Epirus）的皮洛士（Pyrus）王在攻打羅馬的戰役裡，在奧斯庫倫（Ausculum）這地方——今日義大利的阿斯科利薩特里亞諾（Ascoli Satriano），發生戰況慘烈的對戰。德語維基資料提到，羅馬約損失六千人，而伊必魯斯損失三千五百人，雖然伊必魯斯後來取勝但是元氣大傷，最後在四年後終於在貝內文托（Beneventum，今日義大利的 Benevento）一役，被羅馬所打敗。後世遂將付出代價極高的戰役稱為皮洛士之勝（Pyrussieg）。

這個字在書面語中很常見，德語媒體上報導勞資緊張關係中

尤其常用。勞資雙方展開談判的過程，時常必須付出慘痛代價，例如勞方以罷工為手段，資方以解僱為要脅。大規模的對峙與談判，時常導致最後不管誰獲得成果、誰讓步，都只是一場「皮洛士之勝」。

96 喪宴 Leichenschmaus

在德語區有個風俗，喪禮辦完後，會舉辦喪宴，參與喪禮者一起飲食並懷念死者。德語稱之為 Leichenschmaus，Leichen 是遺體，Schmaus 是饗宴。

根據記者瑟里斯（Reiner Sörries）在一篇〈喪宴傳統從何而來？〉（Woher kommt die Tradition des Leichenschmauses?）分析這個傳統緣由，以往來參加喪禮的客人許多來自遠方，長路遙遙，因此家屬必須舉辦宴會，以報答這些客人盛意。此外，宴請那些辛苦的抬棺者也是致意方式。

但瑟里斯認為，除了這些實際的因素外，還有社會儀式的功能。透過共同參加饗宴，可以讓哀傷的親屬朋友們，脫離原來經歷過的死亡感，再次回到生存者的共同體裡。透過吃喝，眾人又回到社會、回到生之世界。因此，喪禮之後的宴會意義重大。

Leichenschmaus 的同義詞還有 Traueressen（Trauer 哀悼、Essen

餐會）、Totenmahl（Toten 死者、Mahl 進食）、Trauermahl、Trauerkaffee、Beerdigungskaffee（Beerdigung 葬禮）。但我最愛的還是 Leichenschmaus 這個字，因為它所帶著的 Schmaus（饗宴），是今日幾已不再被單獨使用的古語。在喪宴這個概念裡，才讓這個古語存續了下來。

對了，還有另一個字可以見到這個古字：Augenschmaus，直譯是「眼睛（Augen）的饗宴」，意思是看到讓人愉悅的畫面。夏日的多瑙河畔，許多穿著清涼的妙齡男女，都在代言此字。

(97) 馬克思市 Karl-Marx-Stadt

一位朋友成長於東德，他來自萊比錫附近的開姆尼茨（Chemnitz），1953 年時為紀念馬克思逝世 70 年，東德決定把一座城市改名為馬克思市，這座城市不能小，不然就沒有紀念意義，像萊比錫這樣的歷史古城又背負著傳統，很難改名。後來就選定克姆尼茲。從 1953 年起就叫做馬克思市（Karl-Marx-Stadt），直到統一後，1990 年才又改回來。他還秀了證件給我看，上面出生地還寫著馬克思市。

可是，為什麼是開姆尼茨哪？我問。因為這個城市跟馬克思一點關係都沒有。東德境內應該還有其他城市跟馬克思很有關

聯，也不算太不重要吧？例如耶拿。

他答，那時候只有開姆尼茨居民沒有反對意見哪。

與他聊多了，也會說起兩邊德文的差異。有時候他說到什麼，我打斷他，說哎呀你等等，剛剛這個字我聽不懂，他就笑笑說，又不小心講出「東德語」了。

曾讀過一本書，麥恩茲大學書籍系教授許奈德（Ute Schneider）寫的《隱身的第二人：德國文學出版業的編輯們》（*Der unsichtbare Zweite: Die Berufsgeschichte des Lektors im literarischen Verlag*），其中一章談到了東西德之間的文學編輯差異。作者說，東德文學出版社的編輯作者比例高出西德很多，每個編輯會花非常多時間閱讀修改作家的初稿，在東德的作家編輯關係緊密很多。而當年，也是有西德作家的作品可以在東德出版的，只是，即使西德的編輯都已經閱讀過了，西德的作家們還是會非常驚訝地，收到東德編輯那裡寄來的、滿滿是修改意見的審閱稿。

跟著作內容審查無關，而是東德編輯們認為在風格上與用字上有待斟酌。由此可見，兩德間的德文使用方式差異之大。

(98) 字母表 Buchstabiertafel

德語有一個字母表（Buchstabiertafel），也被稱為拼寫字母

法（Buchstabieralphabet）。這是一套溝通系統，用以告訴對話方你提到的某個字、某個名字，如何以正確的拼法被寫下。中文因為不是拼音文字，所以沒有類似系統，但是中文使用者為了避免誤解也會有一些溝通方式，來確實清除某些字彙可能引起的曖昧，例如我們會說雙木林、草頭黃、雙人徐、口天吳等，以無誤傳達訊息。字母表的功能亦類似。每一個這個系統裡的單字之字首，都代表一個字母，例如，Anton 指的是 a，Berta 是 b。當我向使用德語的人說明我的姓氏 Tsai 時，最能確認對方拼寫正確的方式就是告訴他：Theodor、Samuel、Anton、Ida。

這套系統在奧地利尤其重要，因為依照我的經驗，奧匈帝國的歷史遺產使得奧地利有很多路名或人名並非德文，許多是希伯來文、捷克文以及斯拉夫語系的名字，如果沒有一套標準，極難理解。例如，我辦公室旁的路叫做 Kratochwjlestraße，如果不依賴這套系統，我在聽到路名當下不可能寫的出來。

在德國，1890 年開始，這套拼寫系統是對照於數字而非單字的（A = 1, B = 2, C = 3…·.），例如若我名字叫 Maria，我就得在電話裡告訴對方：13、1、18、9、1。這套系統牽涉換算，較不直覺，因此 1903 年後棄用，改用單字。

當時的系統到了納粹時期被修正，因為字母表裡有些名字是希伯來名字，太過猶太，例如 David、Jakob、Nathan、Samuel 都

被禁用，改採以亞利安化的名字。戰後 Samuel 再回到了字母表中，但是口語上還是會說 Siegfried。

另外有意思的是，這套系統在德語區國家有些不一樣的變化。在德語維基百科上可看到德奧瑞三國的系統差異。例如，代表 S 的 Samuel，在奧地利是 Siegfried，我姓氏中的 S 在不同國家就有不同表述方式。而有趣的是，ß 這個字母並不會作為任何一個單字的字首，所以德國以 Eszett、奧地利說 scharfes S（尖銳的 S）來表述這個字母。但是瑞士德語並不使用 ß，所以它在字母表上從缺。

德語諺語稱不同國家有不同風俗（Andere Länder, andere Sitten），其實也可以說，不同國家有不同字母表（Andere Länder, anderes Buchstabieralphabet）。

(99) 米寇諾斯的暗殺者自由了
Mykonos-Attentäter auf freiem Fuß

讀了一則報導，比小說更像小說，卻是真實的歷史。

1992 年 9 月 17 日晚上十點多，剛剛統一後沒多久的柏林，位在布拉格路的一家叫做米寇諾斯（Mykonos）的伊朗餐廳裡，來自伊朗的反對派運動者在此聚會。突然間，兩個男人衝進店

裡，手持機關槍對所有人開了幾十發。有多人死亡，餐廳的伊朗裔主人阿希斯（Asis G.）也因重傷在加護病房住了很久，最終幸運生存。

這次殘暴的謀殺行動，明顯是德黑蘭政府剷除反對派的暴力行為，震驚了全德國，也重創了德國與伊朗的外交關係，因為戰後還沒有任何外國政府明目張膽地在德國國土上進行暗殺。德國因為其歷史罪責，戰後的《基本法》裡寫入了政治庇護條款，允許所有受到政治迫害的外國人在德國以政治難民的身份留下來。而那些逃至德國的政治難民，原來以為生命安全了，誰知，仍逃不了獨裁政府的槍決。

後來檢調單位查明，除了兇手兩人，還有幕後協助者兩人，全部與伊朗情報機關相關。只是，這四人被送進監獄後，過了一陣子，事情又有出人意料的發展。

大難不死的餐廳主人阿希斯被發現，帳戶裡有大量不明金錢匯入。所有人，包括檢調與在德的伊朗人，都認為他與德黑蘭政權合作，安排那場暗殺，背叛了反對人士。但是阿希斯否認。

事實上他確實與德黑蘭情報人員合作。事情發生後，他賣掉餐廳，與妻子離婚，離開柏林，切斷所有朋友圈往來，想在其他地方開始新生活。德國檢調單位雖追緝並起訴他，但最後證據不足，他成功脫身。阿希斯搬到杜塞道夫，在德國依賴社會救濟金

維生。但是同時，他也去伊朗投資生意，賺了不少錢。

這件案子發生在冷戰剛結束後仍是各國情報戰場的柏林，實在太過離奇，也牽扯到當時的國際關係、外交豁免與涉外司法等複雜面向。後來柏林自由大學政治系甚至有本研究本案的博士論文，題目就叫《米寇諾斯審判》（*Der Mykonos-Prozeß*）。

那起事件中的其中一名殺手，名字叫達拉比（Kasem Darabi），於 1997 年時被德國法院判處無期徒刑，2007 年被引渡回伊朗，形同釋放。當時的德國媒體大肆報導：「米寇諾斯的暗殺者自由了」（Mykonos-Attentäter auf freiem Fuß）。這位殺手後來在伊朗寫了一本書，寫他在德國的回憶、觀察及批評，後於 2019 年獲得伊朗最高文學獎項。

⑽ 德國規範標準 DIN

在德國生活的人，一定常常遇到這個縮寫：DIN，但是知道這縮寫背後代表什麼的人不多。DIN 的全稱叫做 Deutsches Institut für Normung，德國規範研究所。

這是個立案協會，位在柏林，地址就是以協會名字命名，叫做 DIN 廣場，可見其重要。根據該協會網站，他們成立於 1917 年，目前與 35500 位專家合作，處理德國規範與標準化審查。透

過標準化，可以減少世界貿易障礙，以理性方式確保品質，甚至有利永續的產業發展與安全。

舉例來說，我們都知道 DIN A4 這個標準，意思就是合乎德國規範標準的 A4 尺寸。如果沒有 DIN A4，那麼製造影印紙的廠商將無所適從，印表機規格也將大亂，我們在告訴廣告廠商印製傳單時，也沒有客觀的尺寸標準。有可確立的尺寸，才能確保產業標準化。而 DIN A4，早就於 1922 年被德國規範研究所給定下來，並成為國際通用標準。

德國規範研究所制定各種標準讓產業遵循，也符合消費者需求。舉一個例子，我們在德國辦公室工作都很喜歡用的兩孔資料夾，這是符合 DIN 標準的，不管你買的是那個品牌，那兩個孔的距離都會一樣。如果廠商不照著標準做，那麼不管設計得再漂亮，都沒有人會買他們的資料夾。因為，打孔機也是按照 DIN 被做出來的。任何一台打孔機打出來的文件，都必然能放入任何一個兩孔夾。

話說，前面介紹過的字母表，也是符合德國規範研究所的標準的。那是編號 DIN5009 的標準，名稱叫聽寫規則（Diktierregeln）。

⑩ 小花咖啡 Blümchenkaffee

我每日幾乎都要喝上四杯咖啡，是重度的咖啡因依賴者。但我並不講究、其實也喝不出來多好的品質，足以提神醒腦的黑咖啡已能滿足需求。但有一種咖啡我是不喝的，在德語裡稱之為「小花咖啡」（Blümchenkaffee）。

這個概念是用來形容味道很淡的咖啡。典故何來？據說幾百年前，歐洲也用某種植物提煉咖啡替代物，只不過當然味道沒有真正的咖啡那麼醇香，因此被稱為「小花咖啡」。後來，這個概念也跟德國著名瓷器廠麥森的咖啡杯結合起來。19 世紀時，麥森喜歡小花圖案，不只在杯面，杯底也有，如果一杯咖啡味道淡薄，通常顏色也是清淡的，所以飲者可以一眼看到杯底小花，就這樣，「小花咖啡」的名字通行民間。名稱雖然可愛，但通常是人們抱怨咖啡無味時說的。

另還有一個名稱，據說如果比小花咖啡味道更淡，還可以說是「雙劍咖啡」（Schwerterkaffee），據說就是淡到不只能看見杯底小花，還能看見杯子背後的麥森標誌：兩把交叉的劍！

不過提醒大家，既然跟麥森有關，當然小花咖啡或雙劍咖啡也是在德國通行的德語。奧地利人雖懂這個用法，但一聽就知你不是本地人。

(102) 無恥的科佩尼克事件 Köpenickiade

　　德文中有個奇特的字「Köpenickiade」，查閱字典意思是厚顏無恥的詐騙行為，但後面有沒說出的奇特故事。這個單字的典故來自 1906 年一起震驚全德國的詐欺案。

　　一位出生於 1849 年的小混混沃格特（Friedrich Wilhelm Voigt），曾因盜竊、偽造文書多次入獄。1906 年時，無業遊民的他在柏林二手服裝店，購買軍服、徽章和佩劍，自稱是「普魯士陸軍第一步兵團上尉」。10 月 16 日，這位假上尉在柏林林蔭大道駐哨所對十幾位衛兵下達指揮命令，要求一起坐火車到柏林市郊科佩尼克（Köpenick）小城市，並表示奉皇帝命令，必須執行逮捕市長及其他人的軍令。

　　這麼胡鬧的作為居然成功了！士兵們聽從他的「軍令」，衝進市鎮廳逮捕市長與公務員等，囚禁他們的同時，這位「上尉」居然還去接受媒體採訪，之後坐上火車，悠哉回到柏林，卸下「軍裝」就換上便服逃之夭夭。

　　後來這起鬧劇當然還是穿幫了，沃格特在 10 天後被捕，被柏林法院判處有期徒刑四年。審判時，世界各地的媒體都來柏林採訪這太過離奇的案件，沃格特成為名人，每天都有人想來探視、握手和索取簽名，許多人要求大赦。後來皇帝真的於 1908

年大赦將他釋放。

大家好奇的是，為什麼沃格特要做這蠢事？他自己的說詞反覆，毫無可信力，記者們調查也沒什麼結果。

另使人好奇的是，軍人為什麼那麼盲從？科佩尼克事件傳遍全國，媒體嘲笑、批評帝國士兵多麼容易被制服欺騙。士兵們毫不猶豫地接受命令，襲擊市長與公務員，只能說服從的天性戰勝了一切理智。據說威廉二世皇帝也覺此事件荒謬好笑。但可想而知，軍方對沃格特恨之入骨。

後來，根據這事件寫出了劇本、小說、製作漫畫和明信片，連國外都為這個故事風靡。沃格特出獄後走入演藝圈，就自己演出了這個故事。1996 年，科佩尼克市政廳前，豎立了科佩尼克上尉雕像，也立紀念館記錄此事件。這個曾被這位假上尉劫持的市政府自身也紀念他，確是趣事一件。也許這個小地方真要感謝這位無賴，因為他，科佩尼克在全歐洲知名，也在歷史上留下怪誕的一頁，甚至被寫入德語字典裡。

德語裡留存的這個字「Köpenickiade」，表達的是詐欺行為，但何嘗不是為普魯士的軍國主義與服從權威型格，做了極為諷刺的時代見證呢？

要有勇氣！

Habe Mut!

⓪⓪⓪ 要有勇氣！Habe Mut!

幾百年來，不管是在哲學、歷史、文化、政治領域的討論，歐洲非常喜歡談「啟蒙」，這個概念在德語中是 Aufklärung，其中 Klärung 是闡明，而 Auf 這個字根有「開啟、向上」之意，所以用這個字來形容人類從黑暗走入光明時期、破解隱蔽及幼稚，十分傳神。

德語區對啟蒙概念如此熟悉，當然要歸功哲學家康德發表於 1783 年的名篇《回答這個問題：論何謂啟蒙？》（*Beantwortung der Frage: Was ist Aufklärung?*）。在這篇文章裡，康德定義「啟蒙就是人類走出自己造成的不成熟狀態」，讓人知道，人是有理性能力、可以自我提升的，人做為人，本來就有這樣的資質與能力，只要有勇氣就可以走向更好的狀態，不需要別人的指引。也因此他那句「要有勇氣使用你自身的理性！」（Habe Mut, dich deines eigenen Verstandes zu bedienen!）也鼓舞了整個時代的思想，甚至民主潮流。因此，康德研究專家弗蘭德（Karl Vorländer）即寫道，這位柯尼斯堡的哲學家康德念茲在茲的政治理念，就是一場革命（雖然，康德在同一篇文章裡同時鼓吹必須服從開明的君主，為哲學史留下一起公案）。

不過，康德的名氣太大，很多人忘了這篇文章寫作的背景

是要回應另一個作者。那是柏林一位牧師名叫策爾納（Johann Friedrich Zöllner），他在 1783 年的《柏林月刊》（*Berlinische Monatsschrift*）上發表文章質疑啟蒙。當時有一股世俗婚姻（Zivilehe）潮流，也就是不經由教會儀式、僅按照當時的民法規定完成婚姻，而這股潮流是高舉「啟蒙」大旗。因此策爾納懷疑，畢竟現在啟蒙之說蔚為風潮，可是到底「什麼是啟蒙？這個問題，幾乎就與何謂真理一樣的重要，在人們開始從事啟蒙以前，應該被回答！可是，我在任何地方都沒找到答案！」

就是這樣一個宣戰，引來哲學家回應，也為西方哲學史留下豐富的討論資料。康德不是唯一一個，另外一位哲學家孟德爾頌（Moses Mendelssohn）也發表《關於這個問題：什麼叫做啟蒙？》（*Über die Frage: was heißt aufklären?*）從人做為人的命運、人作為公民與國家的關係，從語言、教育、文化等不同的角度討論啟蒙，也是名作。

啟蒙論戰兩百多年後，我再看台灣與世界其他國家推動同性婚姻過程中的論戰，時常想起啟蒙思想發展過程中，也巧合地因為面對婚姻締結問題，思想家推動人使用理性、走向成熟、而成為更好的存在。當然，當代與啟蒙年代的歷史條件已相去太多，但是我始終不能忘記康德那句話，也許正是作為婚姻制度改革過程中最好的答案：要有勇氣！

(104) 沉默的十年 Zehn Jahre des Schweigens

讀維也納大學哲學系教授李斯曼（Konrad Paul Liessmann）的《非教養論》（*Theorie der Unbildung*）一書，他提到當代教養階級與知識份子養成的問題。在討論當代如何衡量知識之「重量」時，以康德為例，說明評量知識價值之不易。

康德一開始的學術路途並不順利，一輩子沒離開過家鄉，不曾當過交換學生，不曾留學，沒有任何學術界國際交流經驗，進入大學任教後也只能找到很邊緣的講師位置，或者只能擔任圖書館員。更糟糕的是，他四十幾歲終於千辛萬苦在大學獲得正式教職後，有十年的時間，除了發表在柯尼斯堡的報上的兩篇文章外，他的學術著作幾乎空白，哲學界稱之為「沉默的十年」。

也就是說，放在當代學術社群中，康德早該被淘汰。

但是這十年內，他其實沒有閒著，除了教學，他擔任了哲學院院長，學術院院士，以及柯尼斯堡大學校長。但是最重要的是，他在這十年內不斷思考《純粹理性批判》的內容，累積無數草稿，最後才一口氣出版這部驚世巨作，並且接著以相當快的速度出版處理倫理學的《實踐理性批判》以及關於美學的《判斷力批判》，可說十年磨三劍，一氣呵成，水到渠成。

因此，李斯曼認為，這「沉默的十年」，也許是人類知識史

上最富創造力的十年。此語雖稍嫌誇張，但我們確實不得不承認，有時候沉默，不一定是空白，而是正在累積之後的能量。

不過說是驚世巨作，也是後見之明。因為康德的批判巨作有違當時的哲學立場，甚至還被教會列為禁書（這點可以理解，他以理性論證我們可以信仰什麼的方式，與教會立場絕不相容）。另外，那本書以極為艱澀的語言寫成，以致於他的當代學術同僚幾乎全無反應，同時代的哲學家孟德爾頌甚至抱怨那是「噬食神經的作品」。因此，如果他生活在現代的學術社群，也是會被遺忘的學者。

李斯曼是要反思當代學術共同體建立在發表與評比機制上運作的弊病，我也贊同如果康德生活在當代幾無存活空間，也承認現在的學術遊戲規則是很有問題的，已經不太可能養成康德那樣的大師以及生產那樣的巨作。不過，我覺得我們的知識訓練過程，最好還是別把自己當成康德，那是極端的特例。他沉默十年，可能是思想史奇蹟出現前、富有創造力的十年，可是我們一般人沉默十年後，應該只會繼續沉默。

(105) 道別的溫柔 Abschiedszärtlichkeit

哲學家漢斯優納斯（Hans Jonas）在其《回憶錄》

（*Erinnerungen*）中，寫了一段年輕時與哲學家漢娜・鄂蘭（Hannah Arendt）之間的往事。

他們兩人是馬堡大學哲學系的同學，一起跟著年輕的教授海德格（Martin Heidegger）讀書。當時，兩人感情非常好，但並非愛情，而是共同追求哲學知識的同袍情感。不過，當時學習哲學的女性極少，加上鄂蘭確實是有魅力的人，可以想見優納斯在鄂蘭身上感受到的確實超乎哲學的吸引力。但是，某一天，鄂蘭對他說起，海德格對她示愛的情景，他便知道，鄂蘭藉著告訴他這個秘密，「以阻絕我再抱希望」。

但是，他與鄂蘭之間確實存在著某種超乎一般同學的情誼，他與鄂蘭道別時，兩人之間存在某種依依不捨的曖昧，優納斯寫道，「在我們之間存在著道別的溫柔（Abschiedszärtlichkeit），除了溫柔之外，確實還帶著某種情慾的情調。」但是，年輕的哲學男生說，他是正派（anständig）、或者說纖細（fein）的人，並未利用這種溫柔與鄂蘭發展出更進一步關係。

不過，兩人的情感以什麼方式存在，也許無關正派與否，而是，那是當時最適合他們的方式吧。正如在另一個片段，優納斯這麼寫著兩人：「我們無話不談，她需要一個可信賴的人。她信賴我，也因為一個要素：我們之間沒有情慾關係。你無法同時既是信賴的好友，卻還能是情人。我於是成為她的密友。」

鄂蘭與她的老師之間是愛情，與她的同學之間不是，但是兩段感情都一樣令人傷感。文化記者寶來特爾（Ulrike Baureithel）在《每日鏡報》（Der Tagesspiegel）上發表的書評便寫道，優納斯的回憶錄裡看得出來，鄂蘭始終是他生命裡的關鍵人物，而那是一種高度的思慕（Minne）。

(106) 來巴登「巴登」吧！KOMM BADEN NACH BADEN

有一本蠻有意思的書，叫做《紀傑克的笑話：兩個黑格爾主義者見了面……》（*Žižek's Jokes: Treffen sich zwei Hegelianer...*），顧名思義就是哲學家紀傑克說過的各種笑話，特別的是，這些笑話都與哲學概念相關，或者說，都與黑格爾的哲學概念相關。

舉個例，黑格爾談過 Wiederholung 這個概念，可翻譯為「反復」、「再次發生」、「重複」。對黑格爾來說即使是再次發生，都不會是原來的素樸的樣子；「反復」不只是單純再發生，而是自我的辯證；這個重演，比起未重演的狀態，已經更加豐富了。

紀傑克這麼寫：要清楚說明「反復」的功能，一個關於社會主義時期南斯拉夫政治人物訪德的笑話是最好的例子。當時，這位政治人物搭乘德國火車，經過一座城市，他問其陪同人員：「這是哪個城市？」陪同人員說：「巴登—巴登（Baden-Baden）。」

政治人物斥責他說：「你把我當白癡嗎？同樣的名稱不需要重複說！」

此外，Baden 也有游泳、沐浴之意，因此 1928 年時，施提波斯基（Willy Stieborsky）畫了一張海報，為一家有溫泉的飯店宣傳，上面寫著：KOMM BADEN NACH BADEN，因為玩了諧音梗，基本上無法翻譯為其他外文。中文大概可以理解為：來巴登「巴登」吧（來巴登洗溫泉吧）。這張海報也是充滿黑格爾主義的，重複中，有完全不同的意涵。

107 邏輯哲學論 Tractatus Logico-Philosophicus

我在維也納的房東，是一對我從未見過的情侶。因為他們在外地工作，找房子時所有的溝通我們都是透過視訊完成的，雖然這在歐洲租房過程很少見，但在「視訊」、「遠距」、「安全距離」、「封城」甚至「封國」等關鍵字進入人們生活的 2020 年，可說也成常態。

房東是維也納人，在維也納讀完文學與哲學，拿到博士學位後就離開維也納，也因此留下他們原來住的房子，我得以承租。當初一進入這房子我便想，這應該就是我客居維也納之處吧，不只因為那些老木製家具，不只因為這是個超過百年、經歷過維也

納世紀之交的老房，也因為嗜書的屋主，佈置了一間非常棒的書房，整面大牆都是書架，上頭仍放了一些書未帶走，其中不少書是我也曾經買過的。他說，可以任意取閱這些書，未來您也可以在這裡寫作您的書。

於是我的生命中有幾年便成為維也納人，而各位手上這本書，就是在這個迷人的房子裡一字一字寫成的。書架上那些書，我也時常閱讀。其中一本，是另一位老維也納人寫的《邏輯哲學論》，讀來非常挑戰思考，也充滿樂趣，即使充滿挑戰。

維根斯坦（Ludwig Wittgenstein）於 1918 年在維也納完成這本哲學史的奇書（但到 1921 年才正式出版）。當時年輕的他還未再次踏上戰場成為戰俘。這本小書不過百頁左右篇幅，每一句都簡短，使用德語中的日常詞彙，卻讓讀者思考再三。該書問世後，並未引來迴響，正如他在前言中說的，該書也許只有那些已經先思考過書中所談內容的人才易理解，這並非教學書，而是想為能夠理解的人帶來閱讀樂趣。不過我覺得不一定要學哲學的人才能讀，因為一般人，其實多少都自問過書中某些試著回答的問題，例如真理是什麼，世界是什麼，事物是什麼，這些之間又構成一種什麼樣的關係。

維根斯坦原來只定了德文書名：Logisch-philosophischer Abhandlung，1922 年在英國以雙語出版，英國哲學家摩爾

（G. E. Moore）建議下加上了一個拉丁文書名 Tractatus Logico-Philosophicus，雖然內容與拉丁文並無關係。我讀的版本則是德國蘇爾坎普（Suhrkamp）出版社 2003 年的版本。這個版本裡仍保留一些老維也納的氣息，那是德語尚未被「正字法」規範、寫法仍不統一的時代。維根斯坦寫的所有格仍然加上「'」（例如 Russel's）。有些現在已使用「ss」的寫法，他仍寫著 ß。當代的編輯保留了這些時代的痕跡。

例如，該書的名句「神秘的是，並非世界以何種方式存在，而是世界存在」（Nicht wie die Welt ist, ist das Mystische, sondern daß sie ist），以及結尾的名句：「無法說出的東西，就必須對之保持沉默（Wovon man nicht sprechen kann, darüber muß man schweigen.）」這裡的 daß 以及 muß，是老靈魂的書寫方式。

108 再荒誕不過的事了 das Absurdeste

2019年過世的匈牙利哲學家阿格妮絲・赫勒（Ágnes Heller），在多年前出版過一本訪談集《單車上的猴子》（Der Affe auf dem Fahrrad），交代了她的一生，包括她的哲學思想，以及她經歷過的政治事件。

這本書中有一段，讀來有感。她說：

「跟我那極為傳統的母親不同，我父親想要有個女兒。他總是說，女孩子應該在的位置，不是家務，而應該成為哲學家，或者作曲家。我還在嬰兒車裡時，爸媽就會戲稱我說是個『小哲學家』。日後，某次我問父親，『為什麼你總是說我應該成為哲學家，或作曲家？』他回答道：

『因為對一個女孩來說，那是再荒誕不過的事了（das Absurdeste）。而我希望，妳能成為一個最荒誕的人。』」

後來，她成了哲學家，也確實成為一位「荒誕」的人。她的荒誕，來自於她所經歷的再荒誕不過的時代。還在少女時期，她與家人被送進集中營，因此父親及許多親友都死在那裡，但她與母親倖免。戰後，她加入了匈牙利共產黨，因為在經歷納粹時期後，期待找到另一種團結的可能，但是她很快地被逐出共產黨，被剝奪大學教授資格，淪落至女子中學教書。因為她無法認同獨裁，不管是右派獨裁或者左派獨裁都沒辦法與她的哲學信念相容，也因而注定她流亡海外的宿命。

她說自己的第一任婚姻就是這麼結束的，受丈夫抱怨她為什麼不配合共產黨的統治。她說，身為醫師或者物理學家也許可以，但是一位哲學家則沒法在政治面前調整自己的身段，否則就是自我欺瞞。因此她選擇放手，選擇自由，選擇「荒誕」。

1977 年，她移居澳洲，1986 年去了美國，在紐約新社會研

究學院教書，她所接下的教席正是另一位同樣「荒誕」的女哲學家漢娜・鄂蘭（Hannah Arendt）所留下的。兩人都經歷過法西斯暴政，都被迫流亡，都是不信任任何「主義」、批判集權主義不遺餘力的政治哲學家（或者還有一個可相較的地方，也都離過婚）。兩個從小便注定成為哲學家的人，也是兩個自由的靈魂。

(109) 革命者不製造革命
Die Revolutionäre machen nicht die Revolution

去看電影。維也納市中心一家小電影院，那天只放兩部電影："Waren einmal Revoluzzer"（曾是搞革命的人），以及 "als wir tanzten"（當我們跳舞時）。電影院很老派地把本日上映電影片名用字母排在門口招牌，站在門口，看到兩片名排在一起，如同一部電影，或者如同一句詩：「我們曾是搞革命的人，當我們跳舞時（waren einmal Revoluzzer als wir tanzten）」。

革命者在德語中有兩個詞：Revolutionär，意思是革命者，參與革命的人，或者是，在某個領域裡帶來革命性貢獻的人；另一個字 Revoluzzer，則是帶著負面意義，意思也是搞革命的人，不過這類人通常不是真的那麼有理想、真的願意投入革命。

哲學家鄂蘭在《力量與暴力》（*Macht und Gewalt*）中，曾

經對革命者做了廣為人知的定義：「革命者不製造革命！（Die Revolutionäre machen nicht die Revolution!）革命者知道，革命的力量何時在街頭出現，而能在那時善用這種力量！」換句話說，革命者只是能夠洞察歷史所趨，能順應時勢，在浪來時站上浪尖。他不擁有革命力量，但他能運用這種力量。是時勢造英雄，而非英雄造時勢。

換句話說，革命要發生，必須有一種力量在街頭出現。史家霍布斯邦說二十世紀是革命的年代，政治結構確實出現極大的變

· 維也納的電影院入口，
仍用排字方式呈現片名

化，俄羅斯大革命、中國辛亥革命、納粹發起一場毀滅性的國家社會主義革命等，這些都是街頭出現的改變時代的力量。我們這個時代，Revoluzzer 與 Revolutionär 之間的角色，更難區別了。

(110) 智性的聲音如此微弱
Die Stimme des Intellekts ist leise

在維也納大學旁，有一個紀念一位大學知名校友的公園：佛洛伊德公園。這個公園裡立了一個小小的紀念碑，上刻著：

· 維也納佛洛伊德公園裡的紀念碑，寫著「精神分析」的縮寫，以及「智性的聲音如此微弱」。

「智性的聲音如此微弱（Die Stimme des Intellekts ist leise）。佛洛伊德（1856 年至 1939 年）。」

有意思的是，這塊石碑上刻著兩個對一般人來說難解的字母：Ψ A。

這是希臘文的兩個字母，分別代表 Psi 與 Alpha。佛洛伊德在他的筆記裡，喜歡用這兩個字母代表一個當時全新的概念：Psychoanalyse（精神分析）。

此外，石碑上僅寫了一句話，看來對於「智性」悲觀（這個概念可以理解為人類思想的能力），但沒有寫出的全文，其實是對人類充滿信心的。那是 1927 年時寫下的：「智性的聲音如此微弱，但是智性不會停歇，會一直運作直到找到傾聽者。在一次又一次被拒絕後，最終依然能被聽見。這是我們依然能對人類未來保持樂觀的極少數原因之一。」

佛洛伊德被視為發現人類幽暗意識新大陸的先行者，他知道人類理性背後暗藏的非理性多麼巨大，然而他依然樂觀看待未來，就因為人類的理性思想，最終能找到其聽眾。但說這句話的 1927 年，德國與奧地利的極右派勢力漸盛，但納粹尚未掌權，奧地利也尚未法西斯化。不知後來被迫流亡、並死於暴政時代的精神分析者，最後是否仍對人類抱持信心？

(111) 更像是一種激情而非學術
mehr eine Leidenschaft, als eine Wissenschaft

讀一本佛洛伊德傳記，寫到他與維也納的愛恨關係。他在 1899 年出版的《夢的解析》，出版社覺得是世紀之作，便刻意在出版日期上標識 1900 年，想靠這次出版翻身，結果，首刷六百本賣了二十年才終於賣完。維也納的讀者們，一開始並不接受佛洛伊德開拓人類意識幽暗處的嘗試。

佛洛伊德曾經在〈精神分析運動歷史〉（Geschichte der psychoanalytischen Bewegung）一文中這麼埋怨：「世界上沒有任何其他地方可以比得上維也納，能讓一個精神分析者感受學術界以及受過教育階層的充滿敵意的冷漠。」

不過，他的埋怨其實也不全有道理。許多維也納人或許不認同他的學說，可是無法忽視他的革命性理論。佛洛伊德逐漸成為維也納世紀之交思想變革的象徵，後來獲得諾貝爾文學獎、1920 年代也住在維也納的作家卡內提（Elias Canetti）就曾寫道，雖然學院的掌權者始終拒絕佛洛伊德，認為那是旁門左道，但 1920 年代他在維也納參加派對時，幾乎所有對話最後都要談上佛洛伊德，包括伊底帕斯情結、佛洛伊德口誤、夢的意義等術語，人人琅琅上口（不過，當然都以茶餘飯後談資方式出現，並沒有真正

深入的討論）。

　　當時知名作家克勞斯（Karl Kraus）曾寫下一個評語，或可傳達當時維也納人的態度：「精神分析更像是激情，而非學術（mehr eine Leidenschaft, als eine Wissenschaft）。」

　　另一個故事可以看出來佛洛伊德如何覺得自己的學說受到忽視。一次世界大戰結束後，佛洛伊德收到維也納財稅局的公文，審查所得稅的官員對於這位已有盛名的心理醫師所申報的收入不滿意，函中這麼寫著：「眾所皆知，您的名聲，吸引了許多來自國外有高支付能力的求診者。」佛洛伊德回信語帶譏諷說：「我反對您的質疑，雖然我很樂見，這是我的著作在奧地利第一次受到官方正式承認。」

⑪⑫ 在這裡生活很悲哀 Es ist ein Elend, hier zu leben

　　1938 年納粹佔領奧地利後，佛洛伊德離開維也納，帶著他聞名的看診用沙發，流亡倫敦。在逃離維也納時，他說自己鬆了一口氣，彷彿逃離一座監獄。可是他也說，這座監獄是他終生所愛之處。

　　這樣的態度正可以看出他對維也納的愛與恨。佛洛伊德始終不覺得維也納以及維也納人善待他。他對維也納的厭惡，並不只

是因為在他提出革命性的精神分析理論時，被那麼多「正統」維也納知識分子嘲笑。他的厭惡早在青少時期就開始。

在讀高中時，佛洛伊德曾經寫信給他的朋友說：「維也納使我噁心。」而自度假地回到維也納時，他也寫信給同一位朋友說：「我回到這裡還不到三天，已經受不了整個維也納。在這裡生活很悲哀。」

為什麼年輕時的佛洛伊德覺得自己在維也納不受到認同？讀他的信，會發現他對學校生活十分厭煩，也會發現作為猶太人感受到的不平。即使奧匈帝國時期的帝都已經是對猶太人最寬容的歐洲城市了，反猶主義始終還是存在於社會與人們的心中。

後來，奧地利以外的學術界認真看待佛洛伊德，維也納也

· 當年始終不接受佛洛依德的維也納，現在其母校高中則以他命名。

· 維也納大學主樓拱廊
　上的佛洛伊德雕像

開始接受他，或者說，與他和解了。他住在貝格巷（Berggasse）
十九號上的故居，七〇年代以來設為佛洛伊德博物館，吸引無數
國際旅客前來朝聖。附近佛洛伊德常去散步的公園，被改名為
「佛洛伊德公園」（Sigmund-Freud-Park），甚至維也納還成立
一所私立的「佛洛伊德大學」。我住家附近是他過去所就讀的高
中，現也命名為「佛洛伊德高中」。維也納大學以及醫學大學，
這個曾經如此排斥精神分析的佛洛伊德的母校，也在大學主樓的

拱廊及醫學大學校園內設立了他的雕像。

　　維也納與他和解了，那麼，他與維也納和解了嗎？正如開頭說的，他對這個城市不全是悲哀的控訴，還有愛，只是他幾乎不曾明說。我總覺得，佛洛伊德探索人類意識深層最幽暗的、難以察覺的部分，也是表達迄今為止，他對整個社會、整個維也納所建立的學術傳統之不滿。可是，如果他不是生活在維也納，不在這裡求學生長，吸取無數的一流猶太知識份子建立的思想養分，他能提出這樣的學說嗎？要提出深厚的批判，也必須站在深厚的、被批判的學術傳統之上，才能進行有力量的對話。某種意義上，他是完完整整的維也納人，也必須是維也納人。

⑬ 理性 Vernunft

　　曾經在報上看過一張照片，很感動，忘不了那個畫面。那是年輕的哲學家哈伯瑪斯，於 1969 年時在法蘭克福大學課堂上（或者是系圖書館，桌上還放著煙灰缸），與學生們的上課合照。照片裡哲學家側坐在桌上，叉著腰，激動地伸出手說著什麼，大家站著，圍繞著他，仔細聽著。這不像是一場講課，而是爭論。那張照片裡的哈伯瑪斯，完全看得出他與當代幾乎所有重要思想家進行爭辯時的神情。

當時，學運的激烈震撼了全西德，包括法蘭克福大學，哈伯瑪斯才剛剛在學生的大會上批評學生以左派法西斯主義的方式與法蘭克福學派的哲學理性傳統背道而馳，另一位哲學家阿多諾則喚來了警察進入校園，驅趕佔領課堂的學生，學生無法原諒他，就在那一年阿多諾鬱鬱而終。

對哈伯瑪斯來說，理性（Vernunft）必須要保持批判性，並且也必須維持開放，不可被化約為「純粹合理性的確定性」（rein rationale Gewissheiten），換句話說，沒有什麼是不證自明的確定，而必須透過不斷對話、思考、甚至交鋒才能取得（暫時的）共識。由此看來，不管是被他稱為左派法西斯的學生們，或者是被學生斥為保守者的他，也許都不在最後的「確定」上，都只是爭執與對立中的一環。

另一個事件也可看到這種開放的、批判性的理性。2021 年 5 月，阿布達比的一個文化獎項擬頒給哈伯瑪斯，獎金高達歐元 22 萬 5000 元。《明鏡週刊》（ *Der Spiegel* ）報導了這件事，認為在那裡的政治情況，並不符合哈伯馬斯一生捍衛的啟蒙傳統與民主普世價值。哈伯瑪斯即透過出版社宣佈拒絕接受這個獎項，因為這個政治體制確實無法說服他。哲學家不願成為當權者的宣傳工具。

《明鏡週刊》讚許哈伯馬斯的決定。哈伯瑪斯一開始願意接

受這個獎項，可是在記者提出質疑、在知道授獎單位與當權者之間的親近關係後，斷然拒絕。週刊說，在新資訊出現後與自己交鋒並自我修正，並對各種論述保持開放，這正符合哈伯瑪斯自身的哲學路線。他始終忠於自己建構的審議論辯的倫理學。

從接受到拒絕，可以看到哲學家的自我批判，以及願意對話。人們可以批評哈伯瑪斯的理論，但還是必須對他始終忠於自己的理論表示敬意，他展現了有些價值收買不來。這世界上有太多言行不一的學者了，哈伯瑪斯不是其中之一。

(*114*) 為什麼要閱讀？ **Warum Lesen?**

2020 年，可能是德國人文學界最重要的出版社蘇爾坎普（Suhrkamp），慶祝成立七十週年。六月底時，推出一本紀念之作：《為什麼要閱讀？至少二十四個理由》（*Warum Lesen - Mindestens 24 Gründe*）。

該書的介紹這麼寫：閱讀的內容，使我們成為我們所是嗎？閱讀創造了感知嗎？創造共同感？閱讀時的大腦發生什麼事？有不正當的閱讀嗎？年老時的閱讀，與年輕時不同嗎？在社會主義的時代讀些什麼？在戰爭中讀些什麼？閱讀對今日的反社會狀態，意義是什麼？不閱讀，會比較快樂嗎？出版社的編輯邀集多

位作家、哲學家、學者，分別作文，回答上面這些問題，說明閱讀的意義。頗有歐洲公共知識份子華山論劍意味。

九十幾歲的哲學家哈伯瑪斯貢獻了一篇〈為什麼不閱讀？〉（Warum nicht lesen?），文中有一段談溝通，我很喜歡，遂抄錄下來。他以非常詩意的方式寫道：

「我們原初便是來自一種閒話聒噪的種屬，我們是以溝通方式而成為社會一員的主體，僅在被話語雜音所振動的網絡連結中，我們才得以獲得我們的生命。」

所以，講八卦說閒話聊是非，其實是有其哲學、人類學意義的。看來以後可以放心閒話聒噪了，畢竟都是為了與他人構成共同體，也為了找到自己生命的意義啊。

而從哈伯瑪斯這個說法，更能知道閱讀的意義了。藉由閱讀，我們與不相識的作者（甚至其他讀者）溝通，我們不只能與當代人構成共同體，我們所構成的社會，成員也包括希臘哲人、文藝復興的畫家、啟蒙運動的思想家……。我們的生命在閱讀中突破了人類所受時空的限制。其他動物只生活在每一個瞬間，而我們卻能生活在永恆，單單僅因人類所具有的這種簡單卻強大的能力。

(115) 黑格爾了 Es hegelt

一日在維也納市區坐車時滑手機，在一個哲學類推特上看到這一句：「Nun zum philosophischen Wetterbericht: Es hegelt.」忍不住便笑了出來。

這句的意思是，「來點哲學的天氣預報：黑格爾了。」原來正確的天氣預報應該是使用 hageln（下冰雹）這個動詞，整個句子是 es hagelt。只是，把「黑格爾」（Hegel）改寫成動詞 hegeln，長得很像 hageln，作者借用來同時表達下冰雹與黑格爾兩種意象。

當然，當代德語實際上並不存在 hegeln 這個動詞，但是這樣的創意造字是合德文邏輯的。或者更確切地說，中世紀的早期新高地德語（Frühneuhochdeutsch），確實有 hegeln 這個動詞，意思是「堆疊」，但那不是今日標準德語的用法。

黑格爾因為其思想晦澀難解，使得針對他的嘲諷不少。另一個對黑格爾造字的方式，是哲學家叔本華的創意：Hegelei，把黑格爾這個字加上 ei 的字尾，用以譏笑黑格爾故弄玄虛、使用無邊哲學術語卻沒有真正說出有價值的內容。當然讀者不一定要同意叔本華，但他作為討厭黑格爾的人，完全有資格這麼批評，而且，這個造字很有創意。

"-ei" 在德語裡是個複雜的字尾，可以形容從事某種職業的地方（例如：Bäckerei 麵包店、Metzgerei 肉舖、Druckerei 印刷廠），可以表示人的行為（多半是負面的，例如 Besserwisserei 自以為聰明、Fresserei 大吃特吃、Heuchelei 偽善、Schlamperei 亂七八糟），可以表示動作的名詞狀態（Malerei 繪畫）。在 Hegelei 這個字裡，叔本華表達的就是一種負面的行為。

　　把哲學家的名字作為動詞的用法，也不只針對黑格爾，《時代週報》就曾有專文討論推特上的哲學推文，記者們寫了一句俏皮的話：Mit Tweets wird gehegelt und gefichtet, gemarxt und geheideggert.（意指人們用推文來闡述著黑格爾、費希特、馬克思與海德格。）

（116）愛與恨 Hassliebe

　　有一個德語字 Hassliebe，由恨（Hass）與愛（Liebe）組成，相容愛恨交織的情緒。

　　讀羅素《西方哲學史》（*Philosophie des Abendlandes*）談哲學家盧梭（Jean Jacques Rousseau）與其同時代法國大哲伏爾泰（Voltaire）的爭執，可說是對 Hassliebe 的最佳詮釋。

　　盧梭成名是因為他以一篇立場鮮明文章回答第戎（Dijon）

科學院懸賞的問題：「藝術與科學為人類帶來幸福嗎？」他的答案是堅定的不，認為這些文明的發展只是把人類帶向不幸而已，破壞了在文明出現前的美好自然狀態。並且這篇文章中的「高貴野蠻人」說法，震驚了歐洲學界。

後來盧梭繼續發展其觀點，寫成《人類不平等之起源》，寄給他所崇敬的好友哲學家伏爾泰。伏爾泰回信譏諷說：「如果人們讀你的書，都想回到四隻腳走路了。」兩位哲學家於是交惡，之後多次交鋒甚至筆戰。

但盧梭真的那麼憎恨伏爾泰嗎？在他的敘述中，伏爾泰有著「天才的頭腦與邪惡的性格」，並且在他於 1760 年寫給伏爾泰的信裡，說他以愛過伏爾泰者的身份，確確實實地恨著伏爾泰，「那些充滿我胸臆的對您的感受中，只有對您令人無法否認的天賦的驚嘆，以及對您作品的愛。如果您除了天賦以外，再無任何我可崇敬的東西，那便不是我的過錯。」

在這樣的 Hassliebe 中，究竟是 Hass 多些？或者是 Liebe？

⑴⑺ 受管理的世界 die verwaltete Welt

哲學家阿多諾於 1959 年舉行一次演講「文化與行政管理」（Kultur und Verwaltung），多年後再讀，覺得其內容始終切合著

時代。

　他指出一個兩難：文化創作與發展，是具有原創性的事務，依賴高度創意，或者有機的、自然的成長。尤其對德國人來說，文化（Kultur）一詞帶著高度的自主意涵，是純淨地、未被人為污染的、不根據某特定目的而被修建改造的東西。可是，今日的文化創作者，卻又必須依賴國家行政管理，兩者共生。國家或者直接補助文化，或者間接地必須鋪設好文化可以順利生長的環境，為文化架設舞台、施肥、甚至拔除雜草。這其中難道不存在著創意與管理、有機與人為之間的兩難嗎？

　就是在討論這個兩難中，阿多諾提出一個廣為學界討論的概念：我們都生存在「受管理的世界」（die verwaltete Welt）。

　不過，雖然阿多諾正確地指出，對德國人來說文化被提升到極高的純淨地位，我認為那也只是一廂情願的想像。確實，德語哲學家們總視文化為自然有機的領域。可是，文化的拉丁語源 cultura 或 cultus 都有種植培育（kultivieren）的意義，然而這種經培育出來的就不是純粹天然生成的。試想，德國人（台灣人亦然）今日自豪自己的民主文化，可是，這樣的文化從來不是天然生成，而須有賴我們細心培育，甚至各種文化彼此間是有競逐關係的，威權文化一直虎視眈眈地要接手民主國家的政治思想，我們必須透過教育、制度設計、文學、影視、討論等等培育方式，

讓民主文化好好成長。這就是文化與行政管理的關係。

更何況，惡質的文化通常比優質的文化更來勢洶洶，更能不擇手段地成長，如同野草的生命力。如果沒有適當的管理，長久下來，將只剩下野草。正因如此，文化與行政管理之間不應該是某種緊張場域（Spannungsfeld），而是相互補充與強化。

⑱ 強力 Walten

管理（verwalten）這個概念，值得再論。

哲學家海德格觀察當代受技術宰制的世界時，深入分析了 Verwalten 一字，他認為，這個字的字根 Walten，極能說出世界的本質。法國哲學家德希達在其晚年著作《野獸與主權者研討班》（*Séminaire La bête et le souverain*）中，也指出當他發現海德格以如此豐富多義的方式使用 Walten 一詞時，受其影響，也重新改變了他觀察正在發生的世界之角度。

Walten 一般可以被理解為強力控制、主宰、規定某種主導性的秩序，例如字典裡的例句是：「國王統治其國家」（Ein König waltet über das Land）；或者形容某事物佔主導地位，例如「這個家裡在很和諧的氣氛下」（In diesem Haus waltet Harmonie）。對海德格來說，這個字正有一種暴力性的創造世界的能力，他把

Walten 提升到一種自然的原初的力量，「管理」能夠擁有掌控（durch-walten）世界的力量，便由 Walten 而來。

海德格曾經擔任一所極具盛名的大學之管理者，他知道，一個大學校長不只是管理學校而已，還是在知識的世界裡，實踐著極高的強力。管理者，正是主權掌控者。

(119) 兔子與鴨子 Kaninchen und Ente

1892 年 10 月 23 日，一幅作者不詳的趣味漫畫被刊登在慕尼黑的一份趣味性質的週刊，在這幅畫中寫著「兔子與鴨子」（Kaninchen und Ente），你可能看到兔子，也可能是鴨子，端看你的視角（Aspekte）。之後被轉載到全世界，也成為哲學史上極為聞名的畫作。

之所以在哲學史中有其地位，是因為哲學家維根斯坦在他的名作《哲學研究》裡討論這幅畫。他說，一般人都會先選擇一個視角，看出一個東西（不管看到的是兔子或鴨子），然後在轉換視角後，可以察覺原來同樣的東西還可以不同狀態方式呈現給我們（換一種方式看，兔子也可以是鴨子）。換句話說，我們有轉換視角將某物看成某物（als etwas）的能力。我們有站在另一個角度詮釋同樣一件事情的能力。

維根斯坦問，會不會存在著某些人，就是沒這樣的能力？就像色盲的人天生無法知覺某顏色，以及有人聽覺出現障礙，會不會有些人，你怎麼跟他說那也可以是鴨子，但是他不管怎麼看都只能看到兔子？維根斯坦借用色盲（Farbenblindheit）一字，造出另一個字，稱這樣的人為「視角盲」（Aspektblindheit）。他是這麼寫的：「會不會有些人，他們失去了把某物看成某物的能力？這種缺陷可以比擬為色盲，或者聽覺的喪失？我們稱之為視角盲。」

　　也許真的存在這樣的疾病（或者說缺陷），尤其社群媒體時代，類似視角盲的現象，不是愈來愈多、愈來愈明顯嗎？德國哲學家高達美（Hans-Georg Gadamer）曾經寫過這樣的名句：「對話的前提是，對話的另一方也可能是對的（Ein Gespräch setzt voraus, dass der andere Recht haben könnte.）。」放在那幅畫的脈絡下理解就是，對話其實不一定討論非黑即白的內容，你可以說你看到了兔子，可是，必須承認，別人看到鴨子時，不一定就是錯的。這是對話的真正含意，必須能轉換視角，試著從他人的眼光觀察。

見證者 **Augenzeuge**

在物理學家維茲塞克（Carl Friedrich von Weizsäcker）的《人性的花園》（*Der Garten des Menschlichen*）中，某一章記錄了他與哲學家海德格（Martin Heidegger）一生往來的回憶。

維茲塞克曾多次受邀去海德格黑森林小木屋中，與這位可能是二十世紀影響力最大的德國哲學家及其他座上客一起談哲學問題。戰後，他也多次邀請這位因為納粹過往而再難正式登上大學講台的哲人海德格，去他的研討班或家中對年輕的學子講課，或者與其他學術界人士交談。

海德格是個對其他學者要求甚高的人，甚至也批評過自己的老師胡塞爾。維茲塞克記得，某個夏日黃昏，他邀請海德格與其他學界友人在自家陽台上聊天，某位哲學教授闡論一個問題，援引從希臘以來許多哲學家，侃侃而談。海德格忍不住打斷他，說了一句：「某先生，您似乎對哲學史很熟啊。」高談闊論者尷尬一笑，遂不再繼續。

維茲塞克說，海德格會這樣說，是因為他總是認為學界太多「天南地北論證」（Herumargumentieren），而沒有真正「洞見」（Sehen）。海德格也曾私下批評一位享有盛譽的哲學家，說：「他看不見，他是盲的。」維茲塞克援引另一位朋友對海德格的

評價，說海德格不一定比被他批評的人更睿智，但他是「見證者」（Augenzeuge）。

海德格所用的 herumargumentieren 這個動詞，是由 herum 字根加上論證（argumentieren）。herum 原來是繞圈、成圈，也可以指無特定目的地的動態或無具體目標的行為，也可簡寫為 rum，加在動詞前可以產生負面意涵，形容沒有什麼確定結果的行動。例如 herumsitzen 就是閒坐，一種無所事事的行為。加在論證前，就是指不去思想真正核心的東西，而只是丟出一個又一個華麗的概念或他人的說法。海德格這麼「見證」他的哲學家同行們，確實嚴厲。

⑫¹ 挪威之道 I did it Norway

閱讀德國記者及作家格爾曼（Alva Gehrmann）的書《挪威之道》（*I did it Norway*），其中一章是她去挪威採訪《蘇菲的世界》作者喬斯坦‧賈德（Jostein Gaarder）。賈德那本哲學小說極為暢銷，至 2019 年止被翻譯為 64 種語言，全球銷售超出 4500 萬本。這樣一個世界知名的作家，住在挪威小鎮人煙稀少的森林旁，格爾曼去採訪他，陪著他在冰天雪地裡走路說話。

整段採訪內容裡我印象最深的是，賈德在零下十二度的雪地

中告訴記者：「我如果不動自己的身體，就無法思考。因此，我每天會走很長一段路，然後才開始寫作。」這其實也是我的習慣，而且，我也喜歡在寒冷天氣裡想事情，零下氣溫裡直接面對大自然，似乎一切都更清晰。

另一位哲學家班雅明（Walter Benjamin），曾經描述一種在都市裡浪跡的無所事事者，他充滿好奇心地在都市裡行走，觀看，沒有目的地，不為了生產與對社會做出貢獻。這種人叫作 Flaneur，從法文 flâner 借來的字。而這種隨意走走的行為，動詞就叫 flanieren。不過，這多半是指在大都會裡的閒晃行走，而非在大自然中。賈德在森林中的散步，可以說是 spazieren 或者 wandern。

我自己認為，城市中的浪遊，適合獨行，因為有許多東西可以觀察，此時結伴，分心的事情太多，路上也太多人車與聲音，不易對話；而大自然中散步，則可與夥伴同行。我還在政大當研究生時，許多老師喜歡在學期末找學生們一起去貓空後山走路，那一路上下山過程中的討論，我獲益良多。

還有許多思想家認為移動身體有助思考。雅典學園裡古希臘哲學家就常在散步中討論哲學問題，盧梭也曾寫道，「我只能在行走中思考，一旦我駐足，我的思想也會停止不動。」此外，京都學派哲人的哲學之道、海德堡山上黑格爾喜歡去的哲學小路、

柯尼斯堡哲學家康德每天散步的故事，都提醒我們，思想者，通常也是行走者。

⑫ 世界必須浪漫主義化
Die Welt muß romantisiert werden

我還住在法蘭克福時，市政府正斥資興建一個重要的博物館：浪漫主義博物館。在博物館位址的地鐵站裡，牆上噴上了極醒目標語：「世界必須浪漫主義化」（Die Welt muß romantisiert werden）。

這句話，來自浪漫主義時期的思想家與詩人諾瓦歷斯（Novalis）。我有一本《浪漫主義的理論》（*Theorie der Romantik*），裡面收錄大量諾瓦歷斯的文章，讀來很有樂趣，因其文字感染力甚強，對於人能夠在世界創造出什麼抱持熱情，有時候甚至帶著某種宗教性的感召力量，雖然很多文章寫於 18 世紀，他所發出呼聲的時代早已遠去，但是今日讀來依然覺得他如同一位同代人。

為什麼世界需要被浪漫主義化？什麼是浪漫主義？德國史學家舒爾茲（Gerhard Schulz）在《歐洲與全球》（*Europa und der Globus*）中，以一章談歐洲思想史中的浪漫主義，標題就叫「德

意志轉向」（Deutsche Wende）。什麼樣的轉向？他說，浪漫主義重新發掘古希臘，以古代經典的美與理想的概念，試圖脫離康德等哲人的理性主義對人的思考、判斷、合邏輯等規定，而更探索人的內在性體驗、感受，甚至重新找回宗教經驗。

在那段「世界必須浪漫主義化」的宣言裡，諾瓦歷斯定義浪漫主義是能找回最原始意義的發揮潛能（Potenzierung），讓自己質變為更好更高的自己。如何行動？「給予共同事物更高意義，給予尋常事物不尋常性質，給予為人週知事物不為人知的尊嚴，給予有限性以無限的樣態化」。很明顯地，這就是舒爾茲所謂的德意志轉向，當時康德注重的是人的認識能力的有限，可是諾瓦歷斯注重的是能量的釋放、無限、不可知、神秘、更高者。他的另一段話「生活是一部小說」（Das Leben- ein Roman）也許最能解釋這樣的浪漫主義化轉變：「生活是不斷自我毀滅的幻像，誰不如此看待生活，就使自己仍困在生活裡。生活不應該是我們被賦予的，而是一部由我們自行創作的小說。」

⒓㉓ 海耶克 Friedrich August von Hayek

凱爾森的學生裡，有一位後來獲得諾貝爾獎的經濟學者海耶克（Friedrich August von Hayek）。

海耶克出生於世紀之交的維也納，來自書香世家，父親是醫師，擔任維也納醫師協會主席，並在維也納大學任教。海耶克的兄弟後來全成為學者，他自己從小雖不是成績突出的學生，但也與其兄弟們一樣，在學術上有很強的潛力。後來他進了維也納大學讀法學（當時並無獨立的經濟學系，要讀經濟學便必須在法學系註冊），獲得博士學位。1929 年寫完教授資格論文後，進入維也納大學成為講師，他的就職演說大受歡迎，台下聽眾之一是倫敦政經學院的經濟學教授羅賓斯（Lionel Robbins），遂邀請他赴英國演講。海耶克後來去了英國，他怎麼可能拒絕那個經濟學大師凱恩斯的國度呢？後來他的英國演講極為成功，政經學院便將他留了下來。

· 維也納大學主樓
紀念獲諾貝爾獎
校友處，其中一
位就是海耶克
（最上排左一）

但是他的興趣並不僅限於經濟學，還深入至社會哲學與政治哲學中。對他來說，研究經濟學要解決的並非只是經濟議題，還有政治與社會關懷。他最為人重視的作品如《到奴役之路》（*Der Weg zur Knechtschaft*）、《自由的憲法》（*Die Verfassung der Freiheit*）都不只留在經濟學的視角。他曾這樣形容經濟學者：「一位物理學者，僅僅當一位物理學者，還是可以成為一流的物理學者，以及一個值得尊敬的社會成員；可是如果有人僅是一位經濟學者，那麼便不可能當一位偉大的經濟學者——甚至我敢說，經濟學者如果只是經濟學者，會很容易造成困擾，如果不說他會造成危險的話。」

　　今日的經濟學界，記得這位（不只是）經濟學者的話嗎？

與世界精神相遇

Rendezvous mit dem Weltgeist

124 施瓦本學派 Schwäbische Schule

我在《萊茵河哲學咖啡館》書中，曾敘述當學生時的黑格爾與他的室友赫爾德琳及謝林的哲學共同體故事。在那個小小的、鄉下的施瓦本地區小宿舍裡，就住著這些日後影響世界的文化巨人，這個人類之偶然、但也是人類之命運（Schicksal als Zufall? Zufall als Schicksal?），很令我著迷。

最近讀到另一篇文章，有一位閱讀這些思想家的讀者，也與我一樣感到驚奇，且寫下了一段很美的文字。那是詩人海涅（Heinrich Heine），為他那本被符騰堡當局審查而遲未能出版的詩集《歌之書》（*Buch der Lieder*），寫了一篇介紹其詩集的文字，於 1839 年刊登在《文學年鑑》（*Jahrbuch der Literatur*）上。在這篇文章中，海涅形容審查其著作、使得出版商無法印行的符騰堡，代表的卻是人類精神最巨大、最精彩、最深固的思想結晶，因為那是黑格爾及他的朋友們以及許許多多施瓦本的詩人與哲人之家鄉。他寫道：

「我所理解的『施瓦本學派』（Schwäbische Schule），如何說明這個名字？……所謂的施瓦本學派，被認為是：這些偉大的人們形成了茂密的森林，這片森林在施瓦本的土地上萌芽，長成巨木，往下紮根直到地心，往上茁壯直到星空。」

⑫⑤ 自由最惡劣的敵手
die schlimmsten Gegner gegen die Freiheit

路上遇見一首詩：「他們捍衛著自己的小小自由：自由最惡劣的敵手，永遠是那些得以享有微小自由的人們。」（sie verteidigen ihre kleinen freiheiten: die schlimmsten gegner gegen die freiheit waren immer schon die, die sich kleine freiheiten leisten dürfen. 原作即全以小寫呈現）

作者是奧地利詩人瑟塔勒（Helmut Seethaler）。自七〇年代開始，他喜愛創作短詩及警語，以紙條方式貼在公共場所，因而被稱為「紙條詩人」（Zettelpoet）。為了這個藝術創作形式，他

· 維也納街頭
　的紙條詩

吃了無數罰單。不過，他也受到肯定，曾獲頒維也納自由空間獎（Preis der freien Szene Wiens）。法院也曾判定，他貼的紙條詩是藝術，而非污染公共空間的傳單。

在他自己的網站上，他這麼描述自己的紙條詩：Texte für Denkende + gegen das Denk-Ende，「這些文字是給思想者的，以及，抵抗思想之終結」，他把思想者（Denkende）拆開，玩了思想（Denk）加上終結（Ende）的文字遊戲。

126 不正常 Das Abnormale

奧地利因疫情封城期間，夜裡寂靜許多。對我來說，其實並不影響原本生活節奏，因為我不愛在夜裡出門，可是，當大家夜裡都不出門，街道安靜時，便多了些安心讀書的時光。

這樣的時間裡，我所讀的其中一本書，是卡夫卡寫給他父親的信。

卡夫卡是個完全無法與父親處得來的害羞的小孩，對於父親的寄望，他無法回應。父親請求他與他人一樣過正常生活，他寫給父親的信裡說道：「不正常（Das Abnormale），也不是最糟的事情，舉例來說，正常，就是世界大戰。」

這封信寫於 1917 年，作為戰爭發動者之一的奧匈帝國，幾

年來無數人死於戰場，戰爭何時會結束，還要犧牲多少人，無人能確定。奧匈帝國子民卡夫卡說的對，這樣的瘋狂與血腥，對當時的人來說，已經成為所謂正常的一部分。在這種意義下，不正常沒什麼不好。什麼是正常什麼不是，誰又能確切定義呢？

　　生於那個時代的卡夫卡，其寫作也跨越了正常與不正常的界限，德語的 kafkaesk（卡夫卡式的）這個形容詞，就是在形容如同卡夫卡小說中的怪誕場景。1917 年是卡夫卡式的時代，也是英國歷史學家霍布斯邦所說的「極端的年代」（Zeitalter der Extreme），卡夫卡身處的二十世紀確實如此。而 2020 年，那麼多災難與荒謬，那麼極端，我們也許都習慣了日久異常是正常，也可說是卡夫卡式的一年（ein kafkaeskes Jahr）。

(127) 昨日之雪 Schnee von gestern

　　移居維也納後，漸能體會茨威格（Stefan Zweig）在《昨日的世界》中寫的這句話：「沒有哪座歐洲城市如同維也納一般，對於文化生活，有這樣充滿熱情的渴望。」維也納的文化活動非場多，而市民們參與的熱情也很高。茨威格寫那本書已是百年前，但這種文化榮景基本上沒有太大改變。

　　為什麼維也納人那麼熱衷精神生活？茨威格認為，是對於政

治地位喪失的反應。維也納曾經是西方世界的權力中心，不只是奧匈帝國首都，也曾經出過神聖羅馬帝國的皇帝。哈布斯堡皇朝的輝煌時代，吸引了德語區無數藝文人士來到皇都，例如自薩爾茲堡來的莫札特、波昂來的貝多芬。

可是，這樣的「昨日的世界」終究崩塌了。皇朝成為昨日黃花（或者，用德語表達：「昨日之雪」，Schnee von gestern）即為此意。維也納人不再是世界的中心，至少在政治意義上說。但自豪曾為天子臣民的維也納人，無法忘懷昔日榮光，於是將重心轉移到文化生活。倘若我們不再是政治上的世界首都，那麼我們便是精神上的世界首都。

另外一提，「昨日之雪」還有些不同說法：Schnee von vorgestern（前日之雪）、Schnee vom letzten Jahr 或 Schnee vom vergangenen Jahr（去年之雪）。

奧地利德語中有獨特的相關說法：Anno Schnee、im Jahre Schnee（在雪年，意思是在很久很久以前）。如果說 aus dem Jahre Schnee（來自雪年），意思跟昨日之雪有點不同，不是指已成昨日黃花的事物，而是指歷史悠久古老。例如，我用來寫作這本書的筆電，仍是七八年前購於德國的機器，在電子產品汰換速度如此快速的時代，這台機器也許可以算是來自雪年了。

128 與世界精神相遇 Rendezvous mit dem Weltgeist

宋巴特（Nicolaus Sombart）的《海德堡歲月：人文紀事》
（*Rendezvous mit dem Weltgeist Heidelberger Reminiszenzen 1945-
1951*）我已閱讀多次，毫不膩味，每一次讀都覺得興奮，也覺得
遺憾。興奮是因為對於那種純粹的思想與精神環境的嚮往，是因
為讀到了許多思想巨人於戰後生活的最真實的側寫；遺憾是因為
我錯過了一個雖然荒蕪、卻非常美麗的時代——那是個一切都歸
零，因而一切都能重頭開始、充滿無限可能的時代。

　　作者的文筆非常像哈夫納寫納粹德國，眼光非常銳利，在短
短篇幅內清楚生動給出了一個時代的精神面貌。這本書的背景是
宋巴特於一次大戰後，從戰場歸來，去海德堡大學唸書所寫下
的 1945 年到 1951 年的回憶。有一篇章描述在二十世紀上半葉，
許多在各國的邊緣人、同時也是決定了當代歐洲、甚至世界精神
風景的思想者，從各地來到海德堡，聚集在這裡以「漂浮在地面
五步的高度」（哲學家雅斯培語），在德國殘破動亂的社會裡，
激盪出巨大的思想能量。例如詩人格奧爾格（Stefan Georg）、
左派哲學家盧卡奇（György Lukács）、社會學界曼海姆（Karl
Mannheim）、埃利亞斯（Norbert Elias）、法國哲學家科耶夫
（Alexander Kojeve），當然還有雅斯培與韋伯等德國學界教父般

的人物。

當時來到海德堡的學生、教師、或流浪者，討論的是如何逃離德國之不幸，而當時的學生採取的是自由、解放、性冒險等開放式的態度，並組成、參加各種讀書會，致力成為一個知識公民，以知識與自由使德國能重新成為赫塞《玻璃珠遊戲》中描寫的文化教養的王國。那一代如此失落，可是也因站在德國的「原點」而能在幽暗中探見曖昧微光。

這本書的德文標題「與世界精神相遇」（Rendezvous mit dem Weltgeist），多麼貼切！

(129) 上帝祝福 Grüß Gott

齊邦媛《巨流河》書中的一個片段，我記憶深刻。齊教授寫她 1985 年到柏林自由大學客座，這座她的父親為讀哲學曾於中國動亂時期拋妻棄子待過的城市，她的母親曾在六十年前帶著幼女在中國魂牽夢縈，想像歐洲不知為何風貌，而齊教授循著父親足跡來此城居住講學，想必心情激動。

她描述柏林住處外有一個花樹環繞的庭院，每日她在樹蔭中進出，「憂患半生，從未有如此長時間的悠閒境界」。而週末時遠遠近近傳來的教堂鐘聲，也讓她感動，致信林海音：「禮拜日，

滿城鐘聲。」林海音回信：「恨不得也到柏林來！」

我也能感受那個時刻。2003 年 SARS 最嚴重的時候，我只背著一個小包包，到了巴伐利亞的符茲堡（Würzburg）。符茲堡的生活是一個全新的經驗。那是一座古城，城裡還有皇宮，作為浪漫大道的起點（或終點），每年吸引無數遊客來訪。城裡有一所老大學，成立於 1402 年。也有一間很好的音樂學院，來自全世界的音樂學生，使得城裡四處充滿音樂。我學德語的地方就在音樂學院附近，中午吃飯時常常在小攤子買一些小麵包夾德國香腸吃，就站在音樂學院旁，聽人練琴。

我居住的地方在郊區，大約離城區步行十五分鐘距離，藍色外觀，有閣樓且有一個很漂亮的小花園。大概就如齊教授所書，我雖未憂患半生，但那確實是我的悠閒境界。房東待我非常友善，她在花園種了各式花草，晚間或放假時我們常常拔薄荷泡茶，坐在花園裡閒聊。花園裡有一株櫻桃樹，撿拾掉在地上的櫻桃每天都吃不完。她也在花園後方養殖蜜蜂，偶爾我幫她採收蜂蜜，從燒炭、著衣、取蜂蠟、到汲取成品，是非常特別的體驗。而居處幾十公尺外，就有一座教堂，時常我從自己位在閣樓的房間、或者我們坐在花園裡，就會聽見鐘聲，尤其在星期日時，那個連見面都得說「上帝祝福」（Grüß Gott）的巴伐利亞邦古城，遠遠近近有數十座教堂鐘聲響起，偶爾聽見唱詩班歌聲，那大概

是我經歷過極少數的平靜時刻。

2005 年再去德國，選擇住在魯爾區，就比較沒有那樣的平靜了，生活在已不再繁榮的衰敗工業區，感受到的是蕭瑟與蒼老。畢業後工作繁忙，更無法以安穩心境過靜謐日子。這些年來，我再也沒有傾聽過滿城鐘聲。

⟨130⟩ 好日子已經結束了 Die fetten Jahre sind vorbei

我在維也納家附近，往下坐兩站地鐵站，就是社區運動中心，因為很多人去那裡運動，所以形成了運動產業聚集處，除了運動用品店，也有健身房。某日我在那車站裡，看到健身房的廣告上面寫著：Die fetten Jahre sind vorbei，意思是好日子已經結束。但是直接的翻譯是：油滋滋的（fett）時光已經過去了。

用在健身房的廣告，是非常適合的雙關語。

fett 這個字，在口語中可以拿來形容數額龐大，例如 fette Gewinne（利潤豐厚）。我看過黑幫電影裡一幕，殺手被問為什麼要殺人，他便說：支票豐厚（Die Schecks sind fett，或者 Die Schecks sind dick，支票肥厚）。

多年以前，曾經看過的一部電影標題就是《油滋滋的時光已經過去》。奧地利導演拍的德國故事，電影情節是形容幾個柏林

的左派青年，發展出其都會游擊策略，趁有錢人不在家時闖入其豪宅，不偷竊，但是會砸毀東西、亂擺傢俱，一番亂搞後，會在牆上留下這句話，提醒他們靠著剝削無產者而致富的好日子已經過去了，讓那些肥滋滋的資本主義者坐立不安。

香港作家陳冠中曾於 2009 年寫作小說《盛世：中國，2013年》，描述 2013 年時中國國家資本主義正式勝利，成為世界經濟最強國家，其他世界經濟衰退，主角是一位也推崇這個繁榮和諧社會的作家，可是他所愛的女主角卻宣稱存在著中共的陰謀；盛世開始前有一個月的時間憑空消失，所有人的記憶都被抹去。而主角便跟著他的愛人，一步一步揭開這消失的一個月之謎，看到盛世之後是不堪的陰謀與現實。

這部小說的德文版，就叫 *Die fetten Jahre*，用來翻譯「盛世」，非常耐人尋味，暗示著，眼前的盛世，即將逝去……

(131) 貓金 Katzengold

讀歌德出版於 1821 年的小說《威廉麥斯特的浪遊歲月》（*Wilhelm Meisters Wanderjahre*），開章是威廉與他的兒子在山路中，兒子找來一塊發亮石頭，問父親，人們怎麼稱這塊石頭？威廉答道，不知道。兒子說，這石頭如此發亮，也許是黃金

吧？威廉道：「絕非黃金！現在我想起來了，人們稱它作貓金（Katzengold）。」

「貓金！為什麼呢？」

「也許因為那是假的。而人們也認為貓是假的。」

這段對話只是一個小插曲，並不影響之後的情節發展，可是我記得非常清楚。因為看了德文，我也不知道何謂貓金，遂去查了字典，才知是黃鐵礦。這種發亮的黃色礦石確實容易讓人誤會，也因此被形容為虛假的黃金。還有另一個令人會心的字彙稱黃鐵礦：Narrengold，愚人金。

歌德沒有解釋為什麼人們認為貓與虛假這個概念有關，不過，似乎貓這種動物對在德語中沒有太好的形象，除了那句「別買袋子裡的貓」外，還有 Die Katze lässt das Mausen nicht（「貓不會放過老鼠」），形容舊習難改。

另外，Katzendreck 這個字，「貓的髒東西」，用以形容毫無價值的東西。katzenfreundlich，「貓的友善」，形容虛偽的友善；Katzenmusik，「貓音樂」，走調的音樂；Katzenwäsche，「貓洗澡」，形容人洗的很快、隨便洗洗。

不過，當然很多用語都是刻版印象，不一定真的符合貓的性格。我見過的貓，都非常認真幫自己打理清洗，而且，根本不會對你虛偽地友善啊。

(132) 蘋果卷之邦 Strudelländer

　　一個朋友說，他每天總是早早上床睡覺，有時候連燈都來不及關就睡著了。也許他無心，但我記得，這其實正是《追憶似水年華》首冊最開頭的句子。

　　於是我再拿出這本小說看。讀到主角因為一塊瑪德蓮蛋糕蘸茶吃而回憶起這麼多往事時，心想，對我來說真正無法忘記的味道，是剛剛出爐的灑上美麗糖粉的奧地利蘋果卷（Apfelstrudel），剛剛切開那時隨著緩緩流出的熱蘋果餡迎面而來的香味啊。

　　跟我一樣，許多維也納人忘不了的甜點不是瑪德蓮蛋糕（甚至也不是甜膩的沙河巧克力蛋糕），而是蘋果卷，其中一位就是瑪麗亞・特蕾西亞女王（Maria Theresia）。據說這道甜點原來傳自阿拉伯人，於 16 世紀經過土耳其來到奧匈帝國時的匈牙利王國，最後到了首都，特蕾西亞為之著迷，也因此使這道甜點成為維也納的招牌。據說，其夫婿約瑟夫一世也很喜歡，只是他更愛的是加了葡萄乾的版本。

　　今日，不會有任何知名維也納咖啡館菜單上少了這道甜點，甚至，蘋果卷不只是維也納特產，而是全奧地利的甜點。或者更確切地說，阿爾卑斯山地區傳統上比較沒有這道甜點，多瑙河沿岸的平地地區因此有個外號：「蘋果卷之邦」（Strudelländer）。

2021 年 5 月下旬，結束超過半年的封城，餐廳終於可以接納客人。《新聞報》（*Die Presse*）刊登了一位記者的文章，她寫道，當再次踏入最喜愛的咖啡館、點上一杯拿鐵瑪奇朵以及熱騰騰蘋果卷——當然，要加上鮮奶油（mit Schlag）！——，她的眼淚幾乎落下。

我知道她的感受，確實，生命中不能沒有蘋果卷。

(133) 給時代以藝術，給藝術以自由
Der Zeit ihre Kunst, der Kunst ihre Freiheit

1900 年的維也納，哲學家、文學家、藝術家等創作的天才們，都熱切地想脫離上個世紀的規範，提出各種新的可能性。一幅當時引起極大爭議的畫作，可以看到這樣急於擺脫過去、卻又不得不與過去爭鬥的時代氛圍。

1894 年，教育部委託兩位藝術家，針對哲學、醫學、法學、神學四個主題，為維也納大學的禮堂創作四幅巨大的畫作，這些畫後來被稱為學科之畫（Fakultätsbilder）。畫家克林姆（Gustav Klimt），接受前三個學科主題委託，在 1900 年的第七屆分離派（Secession）展覽上，展出其中一幅尚未完成的作品《哲學》（*Die Philosophie*），立刻引起熱議以及批評。因為這幅畫，不只帶著

情色的意象，還質疑了學術與知識。

許多學校教授以及社會上的保守派，向教育部遞交了抗議，認為這樣的作品不應該擺在維也納大學的殿堂裡。分離派的藝術家們當然支持克林姆，便在《哲學》畫作前擺上了桂冠，以及一句話，至今維也納分離派展覽館入口上，還雕刻著的這句話：「給時代以藝術，給藝術以自由」（Der Zeit ihre Kunst, der Kunst ihre Freiheit，或者也可翻譯為：為時代創造藝術、為藝術創造自由）。

今日造訪維也納，已經看不到這幅畫，維也納大學沒有機會掛上《哲學》。面對強大的抗議聲浪，克林姆決定退回已經向教育部收的酬金，買回自己的創作，這幅畫在納粹時期被掠奪，後毀於二戰戰火。

⑬⑷ 不信任當代 kein Vertrauen zu dieser Gegenwart

談到維也納世紀之交與傳統的鬥爭，文學家當然也不會缺席。

1900 年，維也納作家史尼茲勒（Arthur Schnitzler）完成一部劇作《輪舞》（*Reigen*）。因為其中部分場景牽涉性愛及相關對話，出版社認為無法通過政府的出版審查，因而拒絕出版。

史尼茲勒一怒之下，自行出資印行兩百本，分贈文人好友，

表示既然無法通過審查上市，寧可不上市也不願刪減或改寫。後來劇評家克爾（Alfred Kerr）在報上評論其私下流通的《輪舞》說：「我們最好的創作者們，並不信任這個當代（Unsre Besten haben kein Vertrauen zu dieser Gegenwart）。」他也是另一位實踐「給時代以藝術，給藝術以自由」的創作者。

135 精神 Geist

1766 年，僅有 22 歲的赫爾德（Johann Gottfried Herder），出版了《新德意志文學論》（*Über die neuere deutsche Literatur*），震驚了德國知識界。接下來幾年間，繼續出版受到德國文壇注目的文學理論著作，如 1769 年的《批判的叢林》（*Kritische Wälder*）。當時住在法蘭克福的 20 歲青年歌德，立刻去買了一本仔細閱讀。

赫爾德敘述詩歌創作對於人類的意義：「詩，是人類的母語（die Muttersprache des menschlichen Geschlechts）。」談論偉大的民族不可能沒有美麗的語言，而這需要偉大的詩人。語言，不只是工具，還是民族的精神。他在其書中也創作了一個今日耳熟能詳的德語概念，它以精煉文字傳達豐富意涵，因此甚至傳到別的語言：「時代精神」（Zeitgeist）。

1770 年，歌德去了史特拉斯堡讀法律，某一天，這個有志於文學創作的法律系學生，在他短期住宿的旅店之酒吧裡遇見了赫爾德，當時歌德並不知道眼前就是《批判的叢林》的作者，兩人相談甚歡。後來，歌德晚年回憶錄《創作與真實》（或翻譯為《詩歌與真實》，*Dichtung und Wahrheit*）裡，描述這次酒吧裡的第一次會面，對於他後來的創作影響極深。

而那家旅店，名稱就叫做「精神之處」（Zum Geist），今日的住址就叫「精神小巷」（Ruelle de L' Esprit; 德文 Geistgässel）。

「精神」這個字不只對這兩位偉大的文學者有宿命般的意義，在德國哲學裡，也有不可忽視的地位。眾所皆知，為黑格爾在哲學史裡奠定地位的名作《精神現象學》（*Phänomenologie des Geistes*），從書名到內文，全圍繞著精神為中心。

「精神」也可以在引申的意義上用以形容偉大的思想者。例如，德國聯邦政府曾做過一支紀念愛因斯坦的影片，名稱就叫「Ein großer Geist」，一個偉大的精神。

(136) 世界最理性的樣子 die Welt am vernünftigsten

仍在法蘭克福工作時，我參加了一支籃球隊。每個禮拜四晚上一起練球、比賽後，我們通常會到市區一家愛爾蘭酒吧吃東

西，喝個兩杯，繼續度過一個愉快夜晚。那個球隊除了我以外都在來自歐洲各國的銀行上班，包括歐洲央行、德國聯邦銀行，但是我們聊天的內容並沒有世界經濟大事，反而除了金融經濟，什麼都聊。

例如某一個晚上，每個人輪流說說最近在讀的書，一位隊友就說，從小到大他最喜歡的作家就是瑞士的杜倫馬特（Friedrich Dürrenmatt），一讀再讀。這位作家的作品我也很喜歡，幽默且深刻。為此我們互敬了一杯。

經過 2020 年，許多人都已經習慣這是個瘋狂的世界，不正常已經是常態。在那一年，我時常想起那些與朋友們一起打球、一起喝酒的夜晚。經歷過封城、餐廳關門、禁止群聚等等規定後，我才知道，能夠與隊友們在酒吧裡閒聊文學，是多麼難得的昨日世界。

2021 年是杜倫馬特百歲冥誕，德語區有不少紀念他的活動，我也再拿出杜倫馬特的小說來讀。分享他曾經說過的一句話，來為這一年作註腳：「我們永遠不要放棄想像世界最合乎理性的樣子。」（Man darf nie aufhören, sich die Welt vorzustellen, wie sie am vernünftigsten wäre.）只有能夠想像更好的世界，才能給予我們改造這個世界的能力與勇氣。

(137) 高峰期 Hochzeit

Hochzeit 這個字，大概所有學習德語者在初級班時就會遇到，由 hoch（高）與 Zeit（時間）兩個字組成，是婚禮之意。其實很容易理解，結婚那天就是你一生極為精彩的時間。

不過 Hochzeit 也有另一層意思。不必然指人的精彩時間，也可以是某個發展階段到達巔峰時期。例如我們可以說希臘時期是哲學的高峰（Hochzeit der Philosohpie），而唐宋則是詩歌的鼎盛期（Hochzeit der Lyrik）。

在這種用法下也可以用 Höhepunkt（高點）或 Glanzpunkt（閃耀時刻）代替。或者，另一個很美的詞彙：Blütezeit。blühen 這個動詞是開枝散葉，其名詞就是 Blüte，因此 Blütezeit 就是已經成熟的高峰期，此時繁花盛開，枝葉茂密。也可以只寫 Blüte 來象徵 Blütezeit，例如：Damals erreichte die Philosophie eine hohe Blüte（哲學在當時達到鼎盛繁榮）。

有句從歌德詩〈普羅米修斯〉（Prometheus）而來的格言，也值得一記：nicht alle Blütenträume reifen，並非所有的開枝散葉的夢想，都能成熟。用以形容：我們的一切努力，一切夢想，不一定都能成真。你夢想能走到人生的高峰，也許終究徒勞無功。

我常看的德語影集《犯罪現場》（*Tatort*），某一集犯罪現場在柏林，敘述一個承包以色列大屠殺文獻館的柏林建築商被謀殺，屍體上掛著牌子：「你太過懦弱，無法為德國而奮鬥」（Du bist zu feige, für Deutschland zu kämpfen）。

這集不只是謀殺，主題還關於歷史、政治、法西斯主義、極右派、東德獨裁、代間的誤解與仇恨、記憶與遺忘。過往的鬼魂仍然不斷糾纏著當下。在德國統一三十年後，柏林作為歷史與政治的舞台，仍是完美的犯罪現場。

看《犯罪現場》的樂趣，不是美劇那種腎上腺素快感，其張力是慢慢拉出的，緩慢陰鬱氣氛中，不斷逼使觀眾去思考，去反省政治之缺失，去記憶歷史與批判社會，劇終後那些劇情會持續迴盪在腦中。當然，另一個樂趣就是看見劇中出現熟悉場景，劇組會跑到德語區各不同城市拍攝，每個城市的犯罪故事不同，警探個性、說的方言也都不同，也因此吸引各地死忠影迷觀看討論，文具店裡甚至有周邊商品讓人蒐藏。德國每當播放時，某些酒吧就會掛起 Tatort Public Viewing 的招牌，讓影迷一起看、一起討論、也一起喝酒。

順帶一提，Public Viewing 是個奇怪的德語外來字，在德語

中是指一起觀看播出，通常是酒吧或餐廳裡的運動賽事轉播，不過我也曾在職業足球場館裡跟幾萬名球迷一起看大螢幕的世足賽轉播，那也是一種 Public Viewing。但無論如何這都不會是英語世界的用法。這種看似引自英語，實則只有德語人士自己會懂的「表面的英語化現象」（Scheinanglizismen），另一個最明顯的例子就是德語的 Handy（手機）。

播放維也納那集時，朋友傳訊息給我，提醒不要忘記收看。不過，我還是喜歡看到柏林為背景的犯罪，那始終是一座複雜而引人深思的城市，即使作為犯罪現場都是。或者，尤其作為犯罪現場更是。

139 開往萊比錫的計程車 Taxi nach Leipzig

影集《犯罪現場》於 1970 年 11 月 29 日首播，第一集叫作「開往萊比錫的計程車」（Taxi nach Leipzig）。2020 年，德國公共電視台再次播放這集，以向《犯罪現場》五十年的歷史致敬。

除了重播第一集外，電視台也製播特別的一集，讓慕尼黑與多特蒙兩市警探聯手辦案。要知道，《犯罪現場》的特色就是每個城市有自己的社會問題、自己的罪犯，以及自己的警探，讓兩個城市的警探合作，某種意義上就是明星賽。作為忠實觀眾的我

看了大呼過癮。劇情是什麼？在此不爆雷，不過，這兩座分別擁有兩支德甲最強隊伍的足球世仇城市，這次不在球場競技而是在《犯罪現場》，不管劇情是什麼都值得一看。

如果要我說，想從電視影集理解五十年來德國歷史、文化甚至政治問題，透過這每集 90 分鐘、播了 50 年的影集從人性陰暗面切入，能得到極為豐富的成果。我曾經買過一本書叫《犯罪現場中的哲學》，哲學家以學術方式討論在命案與破案中看到的議題。敏斯特大學甚至有位傳播學者的學位論文就是研究《犯罪現場》。

《犯罪現場》不只是德國人愛看。在奧地利最大的電視節目介紹網站 tele，便建立了一個資料庫，蒐集 50 年來 1150 集的陣容、劇照、劇情以及播出頻道。可見奧地利人也為這個節目癡迷。

⑭ 社區書店 Grätzlbuchhandlung

2020 年 12 月，奧地利封城結束後，書店終於重新營業。我走進鄰近街角的書店買本書。老闆看到我很高興，說好久不見了，我說對啊，今年對書店來說真是難以招架的一年啊，對喜好讀書的人們來說也是。幸好，我在那裡的半個小時期間，客人陸續進來，好幾位都是訂書來取書的，看來解除封城後生意還不

錯。我說看來很多人買書啊，他說，是啊，耶誕節前，很多人來買書贈禮。

我喜歡家附近有間小書店。這家書店，封城以前我大概每兩個禮拜會來一次。除了離家近外，老闆進的書也是很有意思的。不少各國文學，但沒有一般的暢銷小說，也有些人文社科的書，擺放的書不能算多，但是會放一些在一般大型書店看不到的出版品。老闆說，這裡賣的書，就是他自己喜歡讀的。

這種家附近的書店，一般不大，維也納人會稱為Grätzlbuchhandlung，柏林人則會說 Kiezbuchhandlung，Grätzl 與Kiez 是住家附近小區的意思，所以可以理解為「社區書店」。維也納的 Grätzl 是很口語的字，有時候也寫成 Grätzel、Gretzel、Gretzl、Krätzl、Kretzl。

疫情結束後，許多重新開張的社區書店，牆上貼了一張瑞士的戴奧尼斯出版社（Diogenes Verlag）印製的海報，寫著：「告訴你的書店店員，你的生命沒有他就沒有意義。（Sagen Sie Ihrem Buchhändler, dass Ihr Leben ohne ihn keinen Sinn hat.，但我覺得這句德文值得商榷，因為只用了男性形式的書店店員，難道這個職業男性從業者居多嗎？）」我不曾對我的書店店員這麼告白，但確實覺得再次走入街角書店，找回了之前覺得失去了一些的生命意義。

勇於嘗試更多民主

Mehr Demokratie wagen

(141) 以符合人性尊嚴方式死去的權利
Recht auf ein menschenwürdiges Sterben

2020 年年底，奧地利憲法法院通過了一個重要的釋憲案：全面禁止協助死亡（Sterbehilfe），違憲。

這個釋憲案由四位奧地利民眾提交憲法法院。三位是患有不治之症者，正面對生命的苦痛或者無尊嚴地生活著，另一位是醫師，他擬協助其身處巨大痛苦、生命逐漸流失中的病患死亡，卻因為刑法禁止他提供醫療協助，而束手無策。

在德語區，醫師協助病患自殺多半不說安樂死，而是協助死亡（Sterbehilfe），這是一個比較中性的詞彙，而且，死亡（Sterbe）是一種生命消失的狀態，醫師並非在協助「殺人」。但雖然大家都知道醫師協助絕症患者自殺，讓他們在醫療健全條件下能順利離開世間，並非殺人，可是刑法如此規定，使得醫護人員均不敢涉入協助死亡的醫療行為。憲法法院便認為，這樣的法律規範是違背了人類的自決權利（Recht auf Selbstbestimmung），所謂自決權利包括決定如何生活的權利（Recht auf die Gestaltung des Lebens），以及以符合人性尊嚴方式死去的權利（Recht auf ein menschenwürdiges Sterben）。2020 年 1 月 1 日前，國會應當完成修法，以符合憲法對人性尊嚴的保障。

在醫學專業用語中，死亡可以寫成「Exitus」，這個從拉丁語而來的字彙，原意其實是離去。我們來到此世，受憲法保障得以享有人性尊嚴而活著；我們也應當受憲法保障，以有尊嚴的方式離去。

(142) 挑三揀四 Rosinenpickerei

英國脫歐，影響歐盟甚大，也使許多人不看好歐盟的未來。而歐盟內部也有不少對英國的抱怨。2018 年，我正關注德國國會激烈辯論關於脫歐後的英國將與德國談判雙邊協定的事，看到一位議員說，絕對不能允許英國有「Rosinenpickerei」的情形。

這個字非常形象，意思是挑選（Pickerei）葡萄乾（Rosinen）。在關於英國脫歐的議題，這個字在德國政界及媒體不斷被使用，包括總理梅克爾自己都多次說，不會讓英國有錯誤的期待「挑選葡萄乾」。

打造歐洲共同體是一個巨大的計畫，包括各種權利，當然也包括責任及義務。當眼前有一籃零食，五穀雜糧、葡萄乾都有，你不能挑三揀四，只挑甜的葡萄乾吃。

⒁⒊ 奧地利俯瞰 Kameras aus Österreich im Überblick

政治學者安德森（Benedict Anderson）的名著《想像的共同體》（*Immagined Communities*，德譯本標題為《國族之發明》*Die Erfindung der Nation*）裡，說到媒體對於現代國家這種共同體形成的功能，我們在早餐桌上，讀著報紙，看著這個國家發生的事情，能夠想像其他人與我生活在同一個空間、經歷同一段歷史，一種共同體的情感與認知於是成型。

生活在奧地利，有時我覺得對於共同體的想像，或者把奧地利人連結在一起的共同體情感關鍵，不是在媒體上感受我們經歷同樣的歷史，而是我們在同樣的自然風土上。

奧地利人極為熱愛他們的山谷自然，德國駐奧地利大使在報紙上寫道，他所觀察到的奧地利人，覺得每個人似乎都住在鄉間，會住在維也納的人都是為了工作、不得已的，且到了週末便會回到鄉間。每個人的聊天話題都是去了哪裡健行登山，而如果知道他來自德國（更不用說知道他來自德國魯爾工業區），都投以同情的眼光。他甚至寫道，如果有人說要去德國渡假，聽到的人會覺得，此人肯定不太正常。

當然，德國大使撰寫此文原是要為德國抱屈，但是，確實也說出了許多奧地利人的心聲。他們以極強烈的熱愛，看待自己國

家的自然。

　　每天早晨，我總會在上班前看電視新聞。新聞空檔時，會播出一個節目《奧地利俯瞰》（*Kameras aus Österreich im Überblick*），沒有任何旁白，只是播出全奧地利各地美麗自然景色。節目組剪輯山區架好的實時攝影畫面，配上音樂，加上地名、氣溫、海拔等資訊字卡。一開始我並不注意這樣的單調的節目，可是日復一日，我愈來愈為之著迷，那些山區不只是美而已，那些清晨的水氣，停擺的纜車，飛過湖面的鳥，白色的山頭，那麼孤獨的景象，卻讓每一個在家中電視前的奧地利人都知道他們不是孤獨的，有八百多萬人共享這些山野、河湖、雲海、森林、小道甚至落雪。每日在這個時刻，全國人都經歷了一次對奧地利國土的巡禮。

　　在此意義下更能理解，奧地利打造全國人民政治情感的國歌，為什麼以這樣的句子開始：「山嶽之國土，大河之國土，田野之國土，教堂之國土」（Land der Berge, Land am Strome, Land der Äcker, Land der Dome....）我們觀看《奧地利俯瞰》時，也無聲地合唱了一次奧地利國歌。

⟨144⟩ 頭銜之國 Land der Titel

以前住德國時，覺得德國人也太重視頭銜了吧，許多拿到博士學位的人，第一步就是把自家門牌換掉，去申換護照及身份證件，加印新版名片，務求自己的名字前一定要有 Dr. 頭銜。當然，也不是沒有例外的，以前我在柏林同住的德國房東自己是個博士，但是很少使用頭銜，取笑那些頭銜狂熱的德國人，也是我們聊天的內容之一。她曾說，每次聽到有人稱她某某博士女士，就懷疑對方是不是想推銷她什麼東西。

不過，這當然是例外，多數德國人都還是樂於擁有頭銜，並樂於他人尊稱自己的頭銜。

我搬到奧地利後，才發現這種頭銜心態，在這個國家比德國更加徹底。某日讀奧地利的《信使報》（*Kurier*），頭版標題就寫著「Ao. Univ.-Prof. Mag. phil. Dr. rer. nat. Bergrat honoris causa: Land der Titel」，Land der Titel 是「頭銜之國」，至於前面那串，就是各種驚人的頭銜。在奧地利獲得碩士學位者也會冠上 Mag.，這是連為頭銜而瘋狂的德國都不存在的習慣。

記者以兩個整版篇幅探討奧地利重視頭銜的情形。會寫這篇專題原因是，從 2020 年 8 月開始，如果是取得職人師傅資格者，亦即獲得師傅證書（Meisterbrief），可以在護照裡冠上 Meister，

頭銜縮寫為 Mst.（男性）及 Mst.in（女性），這為奧地利各種可以冠的超過一千五百種頭銜再加上一種。在這個領域奧地利可說世界之冠，甚至有一本書就叫《奧地利的頭銜》（Titel in Österreich），詳細介紹各種你想得到的、想不到的尊稱，以及如何使用（不只是什麼場合使用的社會功能問題，還有你有多重頭銜時，如何排列等複雜技術性問題）。

在前面所提的那一長串頭銜裡，就有一個只有奧地利有的特產：Bergrat honoris causa。此頭銜由拿到礦產學學位者使用。

因為熱愛與重視頭銜，自然也有人冒用頭銜。如果你冒用你其實沒有的 Dr. 頭銜，等著你的很可能是依據大學法 116 條規範的罰金，最高可罰一萬五千歐元。

145 皇家顧問 Hofrätin/Hofrat

如何看出奧地利是個「頭銜之國」？《維也納日報》（*Wiener Zeitung*）定期皆在刊登工作職缺版，規劃一個版面刊登人事消息（Personalnachtichten），如果任選一天來說明，亦可看出。

我簡單翻譯手上的《維也納日報》（2020 年 12 月 3 日週四第 32 頁）人事消息區以下訊息為例：

「使領館消息」（Konsularisches）：因為 Prof. Ing. 某某榮譽

領事逝世，智利收回在克拉根福特（Klagenfurt）榮譽領事館。（Prof. Ing. 這是比較常見的頭銜，教授及工程學位。）

「大學」：總統任命 Dr. med. univ.（博士、醫學、綜合醫科、未來當然會再加上 Prof.）某某人為大學教授、任命 Dr.in med. univ. et scient.med.（女博士、醫學、綜合科以及醫學科學、企管碩士）某某人，MBA 為大學教授。格拉茲大學法學系任命 Ass.-Prof. MMag. DDr.（助理教授、雙碩士、雙博士）某某人為講師、藥學系任命 Ass.-Prof. Dipl.-Ing. Dr. techn.（助理教授、工程學學位、科技博士）某某人為講師、自然科學院任命 PD Dr.（講師、博士）某某人為教授、任命 Prof. Dipl.Chem. Dr.（教授、化學學位、博士）某某人為該校教授。

「學位授予」（Sponsion，這是很特別的奧地利字彙）：格拉茲大學授予某某人 Doktor der Rechtswissenschaften（法學博士頭銜）、授予以下多人 Magister bzw. Magistra der Rechtswissenschaften（法學碩士／女碩士頭銜）。

以上可看出奧地利的頭銜多如繁星，我還只寫了一半而已，接下來還有總統任命政府官員、榮譽頭銜頒發，頭銜還包括政府顧問（Regierungsrätin/Regierungsrat）以及皇家顧問（Hofrätin/Hofrat）——在已無皇家的時代，這個頭銜還是被保留了下來。眼看它皇朝起落，頭銜仍在。

人民的檢察官 Volksanwaltschaft

奧地利有一種特別的政治制度：Volksanwaltschaft。其功能類似台灣的監察院，所以也許可以翻譯為奧地利監察院。

分析這個字，其中 Volk 是人民，而 Anwalt 是法律上的代理人，例如律師就是 Rechtsanwalt（法律事務的代理者），檢察官就是 Staatsanwalt（國家的法律事務代理者），所以可知監察院就是法律上代表人民者。不過，監察院與律師或檢察官從事的法律行為並不相同。人民覺得被行政機關不正當對待時，可以去申訴，此時監察院就會代理人民，向行政機關問責。因此，也可以把監察院視為「人民的檢察官」，代表人民檢視政府是否有任何錯誤。

在其網站上，也以「公民的代理人」（Bürgeranwalt）自稱，這不是一個法律上正式的名稱，卻是很有意思的自稱。因為德語裡時常把國家——公民（Staat / Bürger）作對照，監察院這個自稱便是刻意與 Staatsanwalt 相對照，表示檢察官是站在國家那裡，但監察官是站在公民這裡。

值得一提的是，奧地利監察院並非被動地在錯誤發生後再行監察工作，也主動地去推動人權相關工作，包括宣導與教育，在其網站上就提到，其任務之一是「預防性的人權監察」（Präventive

Menschenrechtskontrolle）。例如，每年都會主辦一個很有意思的活動「五分之一」（Eine von fünf，或者說五人中的一人），有鑒於奧地利女性每五人便有一人曾遭受肢體或性暴力對待，而社會一直不正面面對、或者輕描淡寫此現象，監察院每年就以此為主題舉辦系列演講，以期喚醒社會正視女性處境。

(147) 藍光稅 Blaulichtsteuer

「藍光稅」，這個名字與藍光 DVD 沒關係，甚至也與稅沒關係，而是一種要交給警察的行政規費。

在台灣出車禍時，通常雙方會通知警察到現場紀錄。而在奧地利，警察出勤可不是免費的，車禍事故發生時，如果沒有涉及人身傷亡，純粹是處理車輛損毀的問題，警察到場做鑑定紀錄，依照規定必須收取事故登錄規費（Unfallmeldegebühr），不過，這個費用常常被口語上稱為「藍光稅」，因為警察總是開著閃藍光的警車來。

藍光稅依規定是 36 歐元，由肇事方負責，倘若雙方都有責任，則依比例分擔。收費並不高，不過完全與台灣的作法不同。如果在台灣出了車禍，心情已經很糟糕了，叫警察來還得付上一筆錢，恐怕民怨沸騰，立委早就把警政署長叫去大罵了。

第一次看到這個制度時，好奇是否為奧地利獨有，查了一下資料，答案肯定，歐洲其他國家均無此藍光稅。1996 年奧地利開始實施，原因在於其實很多輕微車禍擦撞，僅需要雙方交換資料、自己填寫表格、拍照給保險公司就可以處理了，無須警察到場。為避免濫用警力，才有這個制度，實施之後果然出勤頻率大幅降低。德國曾經有些地方想跟進實施，但後來還是因為民意反對而擱置。所以這個德文字也是奧地利獨有的。

(148) 風俗守護者 Sittenwächter

維也納警方公佈，有一群捷克裔人組成的團體，針對他們所看不慣的女性——認為傷風敗俗——騷擾甚至施加暴力或者妨害其自由。哪些風俗對他們來說應該被守護？沒有一定標準，也許衣著暴露，也許與非捷克裔男子來往，都可能招致其害。警方表示，光是在 2020 年，奧地利保守估計就有上百位女性成為這些「風俗守護者」（Sittenwächter）的受害者。

該年 8 月，「風俗守護者」的領袖及多位成員被逮捕。內政部長內哈默（Karl Nehammer）表示：「我們不會讓我們的民主基本原則被這些變態以及自以為是的意識形態者所侵害。」

所謂風俗（Sitte），是來自傳統的群體規則與道德價值，

有時也可翻譯為倫理，例如康德在他的《倫理形上學基礎》（*Grundlegung zur Metaphzsik der Sitten*）書中用的就是這個字。倫理學（Ethik）有時也寫成 Sittenlehre。

黑格爾在其《法哲學原理》（*Grundlinien der Philosophie des Rechts*）中有一部分就是在描述風俗（Sittlichkeit，Sitte 的抽象名詞），討論個人如何在共同體「義務」中實現自由。不過，風俗雖具某種約束力，卻不應該是普世皆準的。有句德語諺語就說：Andere Länder, andere Sitten.（不同國家、不同風俗），形容在不同的群體中，會有因當地歷史、思想、生活方式而產生不同的社會共識。另一句常用的話 Das ist dort so Sitten.（這在那裡是風俗），說的也是在當地司空見慣的事，即使對我們來說很異常。

甚至，同樣的族群，隨著時間也會發展出不同風俗來。例如今日的社會對於離婚的態度，與以往已大不相同；同性戀在三十年前與可以合法結婚的今日，當然也生活在不同風俗中。

所謂風俗守護者，就是持固有的保守思想的人，無法與時俱進，仍生活在他們自以為是的群體價值中，更糟的是，他們不只如此生活，也強迫他人要按照他們的價值生活。另一個德語字也可用以描述這樣的人：Sittenrichter，「風俗法官」。不過，也有人用戲謔方式稱這些犯罪者為風俗警察（Sittenpolizei），但我不贊同這樣的稱呼，因為警察局真的有個部門專辦違反風俗（例如

非法賭博）的案件，那才是真正的風俗警察。

149 仇恨能助人 Hass hilft

德國有一個極有創意的計畫，叫做「仇恨能助人」（Hass hilft）。

這個計畫運作的方式：如果在社群媒體上有人貼了一個被認為是仇恨言論的留言，該計劃合作伙伴在這個留言下可以貼上此計劃網址，這個仇恨留言就會被歸類為「非自願性捐款」，該計劃將捐出一歐元給協助難民及反極右派的組織與計劃。換言之，如果你表達歧視人類的言論，你的言論反將立刻幫助到被歧視的人。

這個計畫前身來自 2014 年一場新納粹遊行，當時德國社會發起募款，如果該極右派遊行每走一公尺，他們就捐十歐元給協助難民與移民的非營利組織，最後居然募得一萬多歐元，成功地把這場極右派遊行轉換為反極右派行動。

後來，便轉換為「仇恨能助人」計畫，一開始由臉書公司贊助，接著許多德國企業加入，也獲得一些德國藝文界人士支持，至 2020 年 10 月已捐出一萬多歐元。金額多少是其次，但打擊仇恨言論的象徵意義甚大。

該計畫網站上寫著：Der rechte Weg ist niemals rechts（正確的道路從不是右派的），借用了 recht 的「正確」與「右」的雙重意義，說出了非常清楚的態度。

(150) 叛離？ abtrünnig?

在德語媒體中關於兩岸關係的報導，長久以來提及台灣時，總喜歡稱中國視台灣為其 abtrünnige Provinz，「叛離的一省」，這是很有問題的說法。德國在台記者白德翰（Klaus Bardenhagen）曾經寫過文章批評這樣的套語（Floskel）是「不符事實、過度簡化且有道德瑕疵的」。

他說，「叛離的」（abtrünnig，名詞 Abtrünnigkeit）這個字語義並非中立，而是暗示契約中一方背棄了原先訂立的協議，因而叛離者是有罪的。也因此這樣指稱台灣，很可能暗示德語區讀者，台灣是背叛而應負罪責的一方，因而即使中國軍事犯台，很可能也被合理化。

此外，他覺得奇怪的是，在中共的說法裡台灣也從未「叛離」。中國的詞彙裡台灣始終是「中國不可分割的一部分」（einen unabtrennbaren Bestandteil）。叛離一省的說法很可能翻譯自英語 renegade province——也是中共不曾使用的套語，卻反映了中共的

立場。

　　白德翰說，這個西方媒體發明的說法，也不符合歷史。毛澤東於 1949 年建立中國，台灣從來未被這個中國治理過一天，何來叛離可能？不過，確實這段國共內戰歷史以及兩個「中國」的法理問題對大部分歐美記者來說太難理解也太難敘述，以一個簡單套語帶過，是充滿誘惑的寫作手法（雖然大有問題）。他充滿感情地寫著：「台灣不應被加上這種（反映中國權力主張的）標籤，台灣是被迫害的民主，是大國賽局中的一只棋子，但絕非中華人民共和國叛離的一省。」

　　2020 年 10 月，白德翰在推特上說，德國《每日新聞》（Tagesschau）終於開始不再用「叛離的一省」稱呼台灣，而改用「民主治理的島嶼共和國」（demokratisch regierte Inselrepublik）。這是個比較到位的稱呼，希望也是德語媒體開始改變的契機。

(151) 仕紳化是對窮人的戰爭
Gentrifizierung ist Krieg gegen Arme

　　在維也納的街頭，看到一個牆壁塗鴉：仕紳化是對窮人的戰爭（Gentrifizierung ist Krieg gegen Arme）。

　　仕紳化這個概念，指的是因為中產階級或更富有的階級不

斷地移入，而導致地價上漲的地區，原來居住在這裡的居民被迫搬到其他地方，因為負擔不起節節上漲的租金。其動詞是 gentrifizieren，來自英語的 gentrify。在德語中，仕紳化也有另一種非正式用法：嬉皮化（Yuppisierung）。

在 60 到 70 年代時，中產階級是往郊區移動的，在擁擠市區的生活並非其所願，郊區獨棟房子、花園，才是理想家庭的景象。可是近年來情況有所改變，尤其是年輕家庭更願意在市區發展。因此近年來，德國仕紳化非常明顯，尤其是大都市。

2008 年我在柏林居住過一段時間，當時我居住的區仍是一個有各種次文化的氣氛很棒的地方，在那區的鄰居們都對自己的

· 維也納的街頭塗鴉，上面寫著：仕紳化是對窮人的戰爭

區很自豪，我們稱之 Kiezmentalität（Kiez 是柏林方言，指的是一個小生活區）。但是當時已經看到越來越多人開始搬走，因為房價高漲，原來比較平價的住宅被翻修後，租金也翻倍，再也不是原來區居民可以負擔，因此造成人口洗牌；或者，原來較平價的社區，因為房價低，吸引創意工作者進駐，也開了一些特別的小店，但是其特別氛圍也吸引了都會新貴進住，讓租金上漲，小店移出。德國廣播電台就曾經作過關於我在柏林居住那區發生的仕紳化現象的報導，標題叫「次文化走了，生活格調來了」（Subkultur geht, Lifestyle kommt）。

如今，維也納的街頭的這句塗鴉抗議，也提醒人們，次文化將逝，一場戰爭即將開始。

(152) 半黑鬼 Halbneger

2020 年，全世界都在談肺炎，但是因為美國警察執勤時殺死黑人，引發跨國抗議，這一年全世界也都在討論種族主義。

北德電視台於 6 月 10 日播出的喜劇節目 Extra3，也以戲謔方式討論了種族主義，道出了這不只是個美國問題。

主持人舉了幾個例子說明德國的種族主義。其中一個是，我這一代的台灣人大概都會知道的德國網球名將貝克（Boris

Becker），他第一任太太是來自多元文化的有色人種（父親是美國黑人、母親德國白人），他們的兒子外型因而也有多元文化的特徵。德國其他選擇黨（AfD）的國會議員嚴思邁爾（Jens Maier）於 2018 年時在推特上稱，貝克的兒子是缺乏他人關心的「半黑鬼」（Halbneger），對於這麼種族歧視的話語，該黨黨主席表示無法容忍。不過無法容忍之後，有什麼具體制裁？主持人諷刺說，也許給他的是最大的懲罰：讓他繼續坐在國會裡！

Neger 這個字來自拉丁語的 niger，原意是「黑」，但是經過殖民歷史後，這個字已經不再中性，成為種族歧視的辱罵。《杜登》（Duden）字典便說，Neger 這稱呼在公開的語言使用中有強烈歧視意味，因而應該避用。

那麼，德語中有哪些不帶歧視的說法指稱黑人？Farbiger/Farbige（有色人種）、Schwarzer/Schwarze（黑人）。或者，也越來越多人說 Afrodeutscher/Afrodeutsche（非裔德國人）。

(153) 南德聯邦 Süddeutscher Bund

讀書讀到這段，很覺有趣。

1943 年年初，史達林格勒之役後，納粹德國事實上已敗，戈培爾焦急呼籲總體戰，但已於事無補，同盟國開始討論戰後工

作，一個重要的議題是：如何處理奧地利問題。

那時才 35 歲的年輕英國外交官哈里遜（G. W. Harrison），寫了一份十三頁的備忘錄《奧地利的未來》（*The future of Austria*），以供各國討論。他勾畫的其中一種可能是，由奧地利與巴伐利亞組成「南德聯邦」。

不過，這個方案並不被奧地利人接受。作者寫道：「雖然都深受天主教影響，但雙方始終存在瑜亮情結，而單單憑著排斥普魯士，要組成一個共同國家還是太勉強了。」

我在普魯士京城、巴伐利亞都住過，現來到奧地利京城，看到這一句，不能不會心一笑。

不過，日耳曼人在歷史上是真的認真討論過南德聯邦這個可能性的，只是內涵與英國外交官的想法不同。於 1866 年至 1869 年之間，巴伐利亞、符騰堡、巴登與黑森—達姆斯塔特確實思考過組成南德聯邦（Süddeutscher Bund，或寫為 Südbund），不過這是個從未被實現過的政治計畫。

題外話，這位年輕的哈里遜，後來當到英國駐巴西及駐蘇聯的大使。派駐莫斯科時是 1965 年，正是冷戰最烈時。1968 年，他被英國外交部召回，因為他被發現與其俄國女傭有染。後來，這位女傭則被揭露是蘇聯情報人員。這個外交官與這個故事，活生生就是勒卡雷諜戰小說裡走出來的角色。

⑤④ 憤怒公民 Wutbürger

2020 年，記者庫比尤維特（Dirk Kurbjuweit）接受廣播節目專訪，談他十年前鑄造的一個德語字：Wutbürger。他說，內心有幾絲的後悔。

2010 年，庫比尤維特在《明鏡週刊》上發表一篇文章，題目為〈憤怒公民〉（Der Wutbürger），他說，「憤怒公民」告別了德國政治傳統，是當代政治光譜上一種新的政治族群，與傳統的公民不同。傳統的政治中間階層，是不激進的，可是憤怒公民高聲呼喊、憎恨、保守、富庶、年長，他們不滿政府，對於當前掌權者的怒意無以宣洩，往往湧向各種反政府集會。這些人，在「斯圖加特 21」（Stuttgart 21，政府修建斯圖加特火車站的巨資計畫）反對運動中，以及在寫了《德國自取滅亡》（*Deutschland schafft sich ab*）的批判多元文化之作者薩哈欽（Thilo Sarrazin）的簽書會上，都可看到許多這樣的憤怒公民。庫比尤維特認為這些人是保守主義者，那麼激烈反對某些政策，是因為政府將改變他們賴以為生的信念。他們的憤怒是因為將失去既得利益，因為將失去他們的昨日世界。

這個字由憤怒（Wut）與公民（Bürger）構成，這篇刊登在德國最重要新聞期刊上的文章，立刻傳遍德語區，不管是批判或

者支持憤怒公民的陣營，都立刻用起這個新的詞彙。雖然其創造者在負面意義下使用，但因為字彙本身並無負面意涵，甚至公民一字本就是構成當代民主社會最重要的行動者，因此不滿政府的團體，也樂意使用這個詞彙自我動員。那一年，德語協會選擇這個字為年度代表字，並被收錄進《杜登》德語字典，可見其影響力之大。

《杜登》的定義是：「出自對某些政治決策的失望，而以極激烈方式抗議並且示威的公民。」這樣的定義看來並無太大問題，為什麼庫比尤維特感到後悔？因為太好用，但是也太多義。這是響亮的政治動員口號，每個陣營都可能徵用，可是到底哪些人屬於憤怒的公民？這個時代，難道不是每個人都帶著或多或少怒意生存嗎？為什麼對政府不滿，就得被歸類到這個陣營裡？這個字，那一年同時也被提名為年度惡字（Unwort），可見其複雜。也許我們可以借用一個德語字來形容其善惡兼具：Janusköpfigkeit，亞努斯神的兩面。憤怒的公民，也有望向完全相反方向的兩張臉孔。

(155) 菱形 die Raute

2020 年 11 月初，是世界動盪不安的幾天。當時歐洲疫情加

劇，各國紛紛宣佈封城，而維也納的恐攻事件更是震驚世界。不過，還有另一個媒體焦點，就是美國總統大選。

不只台灣人非常關切這次大選，歐洲也是。川普總統上台以後，跨大西洋關係惡化，許多歐洲人都期待，在後川普時代美國與歐洲的往來能改善。開票當晚，許多人緊張地看著電視分析、最新票數統計，以及在社群媒體上評論，簡直就像自己國家的選舉。

看到一則被瘋狂轉傳的推文。一位德國記者諷刺川普，寫道：「有時候我醒來，想想很高興，我的國家元首不是以惡名昭彰的說謊與仇恨而著稱，而是菱形（die Raute）。」

為什麼這則推文引起那麼大迴響？熟悉德國政壇景象的人看了都能會心一笑，因為梅克爾每次拍照或者致詞時，都會以雙掌在下腹前拱出一個菱形，包括拍攝競選海報時都擺出這個手勢。這個手勢有名到維基百科還創了一個詞條「梅克爾菱形」（Merkel-Raute）說明，德國社群媒體上還會使用這個表情符號：<>，用以代表總理的手勢；許多媒體也稱這是「總理的神秘信號」、「世界上最知名的手勢」。這非虛言，2008 年 G8 國家高峰會時，當時的英國首相布朗（Gordon Brown）走在梅克爾身後，還被媒體拍到他正在模仿「梅克爾菱形」！

不過這貼文雖然令人會心一笑，但是嚴格說來有個錯誤：依

照憲法，聯邦總理只是政府之首（Regierungschef），聯邦總統才是國家元首（Staatschef）。

（156）不是我的總統 nicht mein Präsident

2020 年 11 月初，美國總統大選，川普敗選。開票後，德國時代週報標題寫著：「大大鬆了一口氣！（Große Erleichterung）」。隔週的頭版標題再寫：「如同解放（Wie eine Befreiung）。」

這種反應正常，我認識的德國人或奧國人，幾乎沒有人樂見川普當選，因為川普執政期間，提倡美國優先政策，退出多邊合作機制，美歐關係重創。柏林公共運輸公司（BVG）在選前就在推特貼出一張圖，寫道：「我們不偏袒任何一方，因此，我們先恭喜雙方（BEIDEN）！）」有趣的是，故意半遮掉 BEIDEN 這個字中的 E，看起來就像我們恭喜 BIDEN（其實原來「雙方」與「拜登」發音也是雷同的）。這個表態，很能代表大部分的歐洲人。

選後，奧國媒體預測跨大西洋關係能重新走上穩定而可預測的道路，雖然大部分德語區媒體也認為，美國現在的保護主義路線，短期內不會有太多改變，但拜登這個有多年歷練的政治老手，確實是歐洲人心中更合適的往來對象。奧地利《新聞報》的

頭版標題便寫著：〈對美國以及世界來說，一次好的選擇〉（Eine gute Wahl für Amerika und die Welt）（亦指「好的選舉」，Wahl 同時有選擇與選舉之意）。

不過，在歐洲還有是有親川普路線的政治勢力，主要是那些民粹的右派政黨。在德國，最明顯的川普認同者，就是另類選擇黨（AfD）。這個黨在美國大選後，在川普主張選舉舞弊時，仍持續認同川普，反對拜登。一位該黨的國會議員胡伯（Johannes Huber）便在《法蘭克福廣訊報》（*Frankfurter Allgemeine Zeitung*）的拜登勝選臉書貼文下留言：「拜登不是我的總統！（Biden ist nicht mein Präsident!）」

胡伯想表態，他並不認同拜登的路線（或者也不承認其勝選正當性），不過此語出自一位德國人民選出的國會議員，實在有點荒謬。報紙臉書的小編就回了其留言，一語中的答道：「親愛的胡伯議員，您說對了，您的總統是德國聯邦總統。致上問候。」

⟨157⟩ 勞動部長的博士論文
Doktorarbeit der Arbeitsministerin

2021 年 1 月 8 日，推特上爆出關於奧地利勞動部長阿許巴赫（Christine Aschbacher）的學位論文被質疑可能有問題，一夕

之間炸開，幾乎所有網民都在討論這事，#Aschbacher 與 #Plagiat（抄襲）也成為熱門標籤。

這件事疑點重重，因為一位專門從事學術打假的學者韋伯（Stefan Weber），以軟體對照勞動部長十多年前在技術學院（Fachhochschule）寫的碩士論文，認為有多處抄襲；另外，阿許巴赫前一陣子才在斯洛伐克大學拿到博士學位，其博士論文也被拿出來檢視，姑且不說一位奧地利勞動部長居然有時間寫博士論文，而且還是去斯洛伐克用德語寫商管領域論文，而不選擇奧地利的大學，令人起疑；更驚人的是，韋伯公佈他審視初步結果，他認為論文中有許多文法與拼字錯誤，或者部份語句意義不通，網友讀後認為德語母語者應不致犯這些錯誤，也質疑這本論文的產生過程。

阿許巴赫先是發表聲明，認為在撰寫學術論文上她已憑最高程度的學術良知盡了最大努力，但是在強大壓力下，她隔天便辭去勞動部長職位。

她是否真抄襲，以及論文品質如何，我不是這方面的專家，姑且不論。但是在閱讀大量相關討論過程中，我更了解奧地利（以及斯洛伐克）的學位差異，倒也增長知識。此外，讀到一串跟頭銜相關的討論，很有意思。A 網友認為，阿許巴赫使用 Mag.Dr. 頭銜，是違法的，因為她的碩士是在技術學院拿到的，

依照法律規定應該加註 FH，也就是一般大學取得的碩士頭銜是 Mag.，技術學院則是 Mag.FH，以讓世人知道這不是一般的碩士。不過，另一個 B 網友反駁，幾年前似已修法廢除此規定。原 A 網友再提出，廢除加註規定的是別的專業領域，在阿許巴赫這個專業科目上，還是必須加上 FH 的說明。

為了一個碩士頭銜眾人如此爭論不休，妙哉奧地利。

⑴⁵⁸ 我必流離飄蕩在地上
ich muss unstet und flüchtig sein auf Erden

難民是這些年來歐洲最大的難題，尤其是 2015 年梅克爾總理開放難民入境後，更是引發了德國社會的激辯甚至分裂。德國以其強大國力，投入無數資源，暫時解決問題，或者說，延後了危機。然而這場危機，究竟能不能有一個根本的解決方案，幾年過去了，誰也沒有把握。

不過，難民不是從 2015 年才開始出現的，也不是屬於歐洲的問題而已。而是更古老的、從人類有歷史以來就被記錄的宿命。

我想到《聖經‧創世紀》（4,14）裡的這句話：「你如今趕逐我離開這地、以致不見你面‧我必流離飄蕩在地上、凡遇見

我的必殺我（和合本《聖經》）。」（Siehe, du treibst mich heute vom Acker, und ich muss mich vor deinem Angesicht verbergen und muss unstet und flüchtig sein auf Erden. So wird mir's gehen, dass mich totschlägt, wer mich findet.，馬丁路德版 2017 年《聖經》）

　　這段話來自人類最早的夫婦亞當與夏娃之子該隱（Kain），他妒恨其弟較受上帝恩寵，在爭執中殺弟，上帝為此放逐他。該隱便哀告說，他將流離飄蕩。德文用以翻譯的詞彙是 unstet und flüchtig，unstet 有惶惶不安之意，而 flüchtig 就是流亡的，與「難民」（Flüchtling）一字相同字根。如果我們相信《聖經》話語的話，我們早自先祖以來，就離不開流離飄蕩的難民身份。

　　流亡的動詞是 flüchten，也是逃離之意，例如「逃離洪水」（vor dem Hochwasser flüchten）。因為原來的 Flüchtling 這個字有逃難者之意，其字尾 -ling 帶著一種負面的身份之意（例如懦夫 Feigling、禽獸 Fiesling），近年來德語媒體裡開始使用一種更（政治）正確的詞彙：Geflüchtete，將 flüchten 的動詞之分詞 geflüchtet 改造為名詞，除了避去有負面意涵的 -ling 字尾外，也因為帶入了詞性變化（Geflüchtete*r），更容易辨認當你說難民時，指的是男性或者女性。

159 封起批評中國者的嘴？
Maulkorb für China-Kritiker?

2020 年 11 月，歐洲議會與歐盟駐中國上海的商務代表武特克（Jörg Wuttke）視訊會議，在那場會議上，歐洲議員們針對中國企業的不公平競爭、市場機制扭曲、智財權問題、人權問題等提出尖銳質詢。甚至有議員認為，鑒於中國人權紀錄不佳，新疆維吾爾族被強迫勞動，歐盟應考慮經濟制裁中國（那年年底果然通過制裁機制，並且於 2021 年 3 月正式制裁中國）。

作為商務代表的武特克，必須尷尬地一一回答這些實在難以回答的問題。正當他小心翼翼地說到：「現在來談談人權問題……」，此時網路便中斷，歐洲議會不斷重新連線，再也無法成功。

奧地利《新聞報》的駐北京特派記者寫道，作為特派員早就習慣在與歐洲連線報導時，面對網路可能突然中斷的情況。可是武特克說，歐洲議會與其在中國官員的連線時，被如此明目張膽中斷，是前所未見。

記者的報導標題寫著：「封起批評中國者的嘴？（Maulkorb für China-Kritiker?）」而 Maulkorb（Maul 為禽獸的嘴部、Korb 指小籃子）是指主人們會為狗戴上的綁住嘴的器物，以符合某些

地方遛狗的規定。這裡非常形象地呈現了共產黨試圖綁住批評者的嘴所做的嘗試。

媒體常用另一個詞表示言論管制：zum Schweigen bringen，「使某人閉嘴」；或者更強烈地，mundtot machen，「使嘴巴（mund）死亡（tot）」，使某人不敢再發表言論。不過，Maulkorb 也因其形象生動，亦是適合形容獨裁政權管制言論自由的字。多年前針對中共逮捕人權律師及記者，德通社（dpa）便發布抗議新聞稿，寫著：「監禁批評者，封起律師以及記者 的 嘴（Maulkorb für Anwälte und Journalisten in China-Haft für Kritiker）。」

⟨160⟩ 開放的帳單 Eine offene Rechnung

在德語區國家買東西，常有一種付帳方式，先訂貨，等貨送來後，再按照廠商給的帳單匯款。那張帳單上通常有一串數字，匯款時要登錄，以讓廠商的會計部門登記銷帳，付錢銷帳就叫做 die Rechnung begleichen（亦即，把帳單給平衡掉）。

如果你訂購東西，卻在期限前沒有付款，之後很可能會再來一張帳單，上面是原售價加上「提醒作業費」（Mahngebühren）。整套流程是德語區國家的商業模式，你訂購東西，不一定要先付

款，因為訂購時合約已經成立，廠商有義務按照合約出貨，你也有義務按照合約付款。而合約成立後，尚未付款的帳單，就叫做「開放的帳單」（Eine offene Rechnung）。

同理，已經付完的帳單，可以成為「封閉的帳單」（Eine geschlossene Rechnung）。

有時候媒體會用「開放的帳單」，來形容還有什麼事情尚未被清算。例如，在 2020 年的美國大選後，媒體便說，要不是中國爆發了那場肺炎，美國受到嚴重影響，國內對川普防疫無方甚感憤怒，川普可能還是能迎接他的第二任。所以，報復心強的川普，「與中國之間還有帳要算（尚有一張開放的帳單）」（Mit China hat er noch eine Rechnung offen）。而影集《制裁者》（*The Punisher*）裡面也幾乎每一集都出現這個片語，那位超級兇狠的海軍陸戰隊，在負傷纍纍情況下，還是要去找反派復仇，他總是冷酷地說，我們恩怨未了：noch eine offene Rechnung。

2010 年，好萊塢翻拍了一部以色列電影，情節改編自艾希曼事件，描述以色列特工追緝納粹戰犯，將之祕密俘虜送審。英文片名叫做 The Debt，台灣翻譯為《特務疑雲》，而德文版上映時，就叫做 Eine offene Rechnung。曾經買過的東西，曾經欠下的債務，尚未了結的帳單，犯過的罪，有朝一日總是要清算。

(161) 正派 rechtschaffen

看德國政論節目，知名主持人葛洽爾克（Thomas Gottschalk）評論美國的三任總統。他認為川普是個頭腦簡單的人，無法理解、吸收並傳達太複雜的事物；歐巴馬非常聰明，至於拜登，則是「正派的、友善的老先生（ein rechtschaffener, freundlicher, älterer Herr）。」

這個字 rechtschaffen，一般字典會解釋為安分守己（anständig）。anständig 是由 Anstand 這名詞而來，意思是合宜、合乎社會共識、規範、倫理。而 rechtschaffen 由 recht（正確）及 schaffen（創造）組成，其名詞 Rechtschaffenheit 常在教會佈道時出現，與正義（Gerechtigkeit）、公平（Recht）都是《聖經》中頻率很高的字。一個人被稱為 rechtschaffen，表示他過的生活創造出了正確合宜的東西，肯定是個良善正直的人才當得起如此形容，或者可翻譯成正派。這是個非常古老的字，例如，早於 1546 年就曾出版一本書叫《人類的三重生活，以及什麼是正派的基督徒生活》（*Von dreierlai Leben der menschen, Und was ain rechtschaffen Christlich Leben sey*，此為當時的寫法）。

拜登當選後，11 月 25 日，他發了一則只有三個字的推文：「America is back.」立即有一百多萬人按讚。許多人相信，美國

會回到一個合乎國際社會共識的正確道路上。

⑯ 勇於嘗試更多民主 Mehr Demokratie wagen

2020 年維也納市的選舉，社會民主黨籍的現任市長路德維希（Michael Ludwig）勝選，他開始了一個政治新局：放棄原有執政夥伴綠黨，找了新奧地利黨（Neos）組成聯合內閣。這是前所未有的政治實驗，因為社民黨的政策偏左，強調社會整體，可是新奧地利黨卻是一個自由主義政黨。維也納人對這樣的組合，充滿問號，不知是否能順利運作。

然而，在鄰國早就做過這樣的政治實驗了。那是 1969 年，當時社民黨極受歡迎的政治家（可能也是迄今最受歡迎的社民黨人）威利・布蘭特（Willy Btandt），結束了基督教民主黨戰後長達 20 年之久的右派執政。而且，他所選擇的是自由民主黨。

不過，當時的自民黨與今日不同，經歷六〇年代的左派運動，整個歐洲可說都左傾，因此自民黨也發展其較具左翼色彩的自由主義，與社民黨的社會民主經濟能夠合拍。舉例來說，被認為較左的知名社會學家達倫道夫（Ralf Dahrendorf），就是自民黨黨員，並且是布蘭特的左右執政內閣的閣員之一——他被延攬擔任外交部次長。

這個內閣推動許多改革，也走過許多世界性的歷史時刻，其中一個就是與東歐的和解。1970 年 12 月 7 日布蘭特在華沙跪下，向全歐洲被納粹德國迫害的猶太人懺悔，為一個同樣迫害過他的國家承擔責任。從此以後，東歐對德國放下戒心。

布蘭特所留下的不只是和解，還有那句打動許多選民的的競選口號：「勇於嘗試更多民主（Mehr Demokratie wagen）。」今日仍留在許多人記憶中，偶爾也會出現在當代政治討論中。在德國政治史上也許只有另一句競選口號曾經那麼成功過，那是老總理阿德諾（Konrad Adenauer）尋求連任時說的：「別作實驗（Kein Experiment）。」

163 眼中釘 ein Dorn im Auge

德國國會自由民主黨議員舍弗勒（Frank Schäffler）寫了一篇很好的文章〈蘭斯多夫今日將會支持台灣〉（Lambsdorff würde heute Taiwan unterstützen），記錄已故德國經濟部長、自民黨黨魁蘭斯多夫（Otto Graf Lambsdorff），文中描述這位經濟學家海耶克的信徒，一生堅持自由主義，但他為之奮鬥的自由不只是經濟意義上的，還是政治上的自由與人權。這樣的經濟部長，不會為了顧慮與中國的經濟利益而畏懼與之交鋒。

舍弗勒寫道，蘭斯多夫不顧聯邦政府擬與中國維持良好關係，支持西藏，他擔任自民黨的智庫瑙曼基金會主席時，多次接見達賴喇嘛，且在當時的首都波昂舉辦了西藏流亡政府的集會，引發中國與德國的外交緊張。他也支持台灣的民主化運動，這樣的一個政治人物，對中國來說是眼中釘（ein Dorn im Auge）。也因此，1996 年時瑙曼基金會（Friedrich-Naumann-Stiftung für die Freiheit）的北京辦公室受到中共政治壓力，被迫必須關閉。

舍弗勒之文，使用了 ein Dorn im Auge 這個片語。這是來自《聖經》的典故，是時常被使用的德語，這片語不一定只形容人，也可以是惹人厭的事物。例如，一輛時常必須維修的老車，就可以說：Das Auto ist mir ein Dorn im Auge。

2019 年，奧地利總理庫爾茲擬修法，以更嚴格規定外國企業投資或併購奧地利企業的做法，被認為是針對中國企業（尤其是那些與中共官方牽連甚密者），當時報紙的標題是：「中國的投資攻勢，是庫爾茲的眼中釘」（Investitionsoffensive aus China ist Kurz ein Dorn im Auge）。

（164）藏在同一條被子下 unter einer Decke stecken

讀報時看到這樣的標題：「谷歌與臉書藏在同一條被子裡

嗎？」（Google, Facebook: Stecken sie unter einer Decke?）這個藏在同一條被子（unter einer Decke stecken）的典故，意思是共享某個秘密，達成秘密協商，外人被瞞在鼓裡。這則報導是在討論，兩大集團是否針對廣告業務的價格暗中達成什麼協議，如果有，即可能違反反壟斷法。

這個片語很具形象，小時候我們與兄弟姐妹們把棉被蓋在頭上，在被子裡說悄悄話，不讓其他人知道，也就是結成某種秘密共同體。在德語裡，多會被用在負面的、見不得光的秘密協議裡，很多陰謀論者描述政府時，很喜歡說政府與大集團「藏在同一條被裡」。

類似的片語有 unter der Decke halten，意思是放在被子下，也就是試圖隱藏什麼。例如可以說：Die Regierung will dieses Geheimnis unter der Decke halten（政府想把這秘密藏起來）。另一個變形的說法是 unter dem Deckel halten，藏在蓋子下，也是掩藏什麼事情的意思。

⑯⑤ 胡椒生長的地方 wo der Pfeffer wächst

台灣駐德代表謝志偉大使，於 2019 年在《每日郵報》（*Tagespost*）上發表一篇很有意思的評論〈與香港團結〉

（Solidarität mit Hongkong），他寫香港人熱愛煮食，上街爭取民主也用了烹調的術語「攬炒」，表示擬與強大敵人抗爭到底的決心。這樣的視死如歸，正是要說：「習主席，請待在胡椒生長的地方吧！」（Präsident Xi, Sie sollen bitte schön bleiben, wo der Pfeffer wächst!）

這篇評論用典甚多，全文圍繞著煮食意象，帶出香港當前沸騰情勢，包括「北京烤鴨或者北京之終結（Peking-Ente oder Peking-Ende）」「飲茶耐心以待（Abwarten und Tee trinken）」等片語，非常值得會德文者一讀。我想多談談「留在胡椒生長的地方」這片語。

對歐洲人來說，胡椒生長的地方，就是無比遙遠的東方。當你叫別人留在那裡時，就是用了中世紀時的說話方式，婉轉地告訴對方，你給我滾的越遠越好，我永遠都不想再看到你！這句話有時也以 jemanden dahin wünschen, wo der Pfeffer wächst 的方式出現（盼某人去到胡椒生長的地方）。

以前歐洲自己沒產胡椒，最常見的香料就是 Senf（芥茉），所以有一句成語：seinen Senf dazugeben，意思是把他的芥茉加進去，也就是介入或干預什麼事。謝大使的文章裡說，林鄭月娥煮的湯，老是要照北京的主廚給的配方。也許可以這樣說：北京的主廚硬要在香港料理中加入自己的芥茉。

另外再一提，胡椒的嗆人，灑到眼睛可是會淚流不止，也使得中世紀時有個流傳至今的說法：ein gepfefferter Preis，意思是，灑了胡椒的價格，也就是極為昂貴的價格。在谷歌評價上有時候會看到氣沖沖的顧客寫道：Schlechte Qualität zu gepfefferten Preisen（爛品質卻賣超貴）、Schlechter Service zu gepfefferten Preisen（超爛的服務配上超貴的索價），那真的就像是被胡椒粉灑到眼睛一樣的痛苦啊。

⑯ 移民背景 Migrationshintergrund

父母來自土耳其、在德國出生長大的記者阿塔曼（Ferda Ataman），於 2019 年出版《我來自這裡，別再問了》（*Ich bin von hier. Hört auf zu fragen*）。這本書裡她描述自己如何遭受各種隱形種族歧視的經驗，其中一點就是她討厭被強加在她身上的「移民背景」（Migrationshintergrund）這個標籤。因而也引發媒體辯論「移民背景」這個字是否不應該再繼續被使用。

「移民背景」存在於德語中的歷史不久，應該是借用自英文的「Migration Background」。在很多媒體以及官方文書中，都會把外來移民及其子女稱之為「有移民背景的人」（在德國這類人大約有 2100 萬）。之所以這麼繞口地稱移民，一開始應該也是

為了要避開移民這個詞所標籤化的族群，而且那些移民第二代，在當地出生長大的人，雖然仍然或多或少熟悉其上一代的文化及語言，但實在已經不能算是一般的移民，所以稱之為有移民背景的人，是比較貼切的。

不過，阿塔曼質問，為什麼要把一樣是在這裡出生長大的德國人區分為有、無移民背景兩種族群？這樣的說法總是在提醒她這樣的人，你們不是完完全全的德國人。她建議，可以改為使用「來自移民家庭的人」（Menschen aus Einwandererfamilien）。這是一種比較中性的事實陳述，有些來自移民家庭的人，幾乎不接觸移民文化，還能視他們具有移民背景嗎？於是，這個詞彙存在於德語語境下已經被多數人接受後，2021 年時德國政府召集專家委員會討論，認為「移民背景」的概念太過曖昧，且具有歧視作用，建議尋找替代方案。這個決議也在奧地利媒體上被熱烈地討論。

我還在柏林學德語時，老師也舉了一個例子說明德語關於移民的轉化。他說原來媒體喜歡用 einwandern 這個動詞，但是 ein- 這個字根有進入、侵入的感覺，所以後來愈來愈多媒體或公共討論改使用 zuwandern 來形容移民，zu- 這個字根是加上、增加，這樣的移民概念，容易讓人聯想移民能豐富原來的社會，而非是造成威脅的外來者。

語言總是與時代一起演變。有時候是時代創造了語言，但是偶爾，語言也可能改變時代。但是這相互改變的過程中，總是有一次又一次的激辯。我總覺得，理解這些辯論，就是理解德國社會的關鍵。

167　挪威的不合時宜 Norwegische Anachronismen

　　我曾在《德語是一座原始森林》中寫道，如果要為德國文化找出關鍵字，其中一個字我會選「社會的」（sozial）。在德國思想家的著作裡，由個人組合而成的社會，本身具有不同於單純個人集合的意義，有共同體的功能。英美那種極度自由主義的個人觀，在德國從來就非主流。

　　這種對社會的強調，醞釀出德國政治中許多跟我們不同的特色，除了大家較熟知的高稅賦、更具福利色彩的社會政策，其統治者產生的方式，其實也是試圖重視整體社會價值的制度而設計的。政府的組成是內閣制，這不是勝者全拿的體制，從議員選舉開始，就以兼顧直接選舉及政黨名單的方式，希望儘量代表所有政黨的聲音，而內閣閣員也都是通過民意洗禮的議員；因為通常沒有政黨可以拿到一半以上的國會席次，因此必須透過合作方式協商組成聯合內閣，協商過程就必須把各種政黨在意的價

值放入執政內容，最後，理論上這個執政團隊的「組閣協約」
（Koalitionsvertrag）中就會納入最多的社會共識。

對社會的重視，不只是德國，歐洲所有較具社會福利思想色彩的國家都會重視，並試著把最大多數的社會成員納入共同體中，避免少數人成為社會的局外人。尤其是北歐，對共同體的想像與落實，可能比起德國更加明確。德國作家恩岑斯貝格（Hans Magnus Enzensberger）有一本書《挪威的不合時宜》（*Norwegische Anachronismen*）便記錄了挪威人對社會的理解。

恩岑斯貝格是戰後多年住在挪威的德國作家，文章兼具批判力道與深度，在文壇地位甚高，挪威政府也待之以禮。他在書裡描述挪威對於社會的理解是，社會的重要性遠超出個人，或者說，每個人都是社會的一員，沒有什麼差異，在社會中大家都是平等的。1984 年，他受邀去外交部，那天吃飯時，他跟著外交官們去外交部的餐廳吃飯，他看到政務次長、外交官、職員、司機都排在人群裡，各自拿了自助餐，耐心等候結帳。

接待他的挪威年輕外交官說：「在外交部，管理員與大使都是同一個社會的人，而且對此，管理員與大使都會同樣感到自豪。我對此也沒有異議，不過我們就別期待在法國外交部或者華府，也跟我們一樣。更不用說莫斯科的外交部了。」

這樣不合時宜的社會，才是真正的與時俱進。

1971 年 2 月 16 日，德國的德語廢除了一個單字：Fräulein。

通常語言會因時代進展而增加更多字彙與概念，很少會減少。不過這個字減少，是人們刻意努力達成的。

這個字是女性（Frau）一詞指稱「小」的型態，直接翻譯就是小女生，在以前的德語裡，這個字用來稱呼未出嫁小姐，其書面稱謂縮寫為 Frl.。

六八學運時，人們爭取取消這個概念，為什麼？除了把女性幼小化做為稱謂卻不對男性這麼做，實在違反平權，我有一位經歷過六〇年代的女性朋友，某次我們聊起這個字。她說，男性認識她們時，總是問，是 Fräulein oder Frau ？藉著這樣確定妳的身份，知道妳究竟是否仍單身，是否仍可追求。男性以兩種稱謂，公然地、自在地把女性區分為兩種身份、兩個互不隸屬的群體。

這讓她以及許多她的同代人反感。後來在那一代人努力下，1971 年時從官方開始取消了這個字，乃至人們也逐漸棄用，可說是女權運動的時代精神。（這位朋友接著說，當年東西德剛剛統一時，她接觸東德人，聽到 Fräulein 的那一刻，是最具體感受到東西德差異之大的時候。）

或者必須確切地說，倘若翻閱辭典，這個字還是存在的，只

是註明已過時，不會拿來當作稱謂使用。現代德語學習者也許可以在學習語言歷史脈絡下再遇到這個字。我在奧地利語詞典裡也看到這個字用以稱呼女服務生。不過從來沒有親自聽過就是了。基本上來說，這已經不是日常生活中會出現的字彙。

廢除的那一年，引來許多語言正統論人士的激烈反對。許多人認為語言不能這樣被人為改變，傳統的力量必須被尊重。現在有時還是會看到一些很不合時宜的情況，例如幾年前某航空公司的表格選單，還會問乘客是 Herr、Frau 或 Fräulein？但是語言還是隨著社會變化演進了，五十年來，天也沒有塌下來，人們生活在沒有 Fräulein 的世界裡，沒有原先想像的那麼糟糕。

(169) 足以下台 rücktrittsreif

2021 年 5 月某個早上，我循例於騎單車上班路上聽著新聞媒體的 Podcast，突然聽到奧地利《標準報》（Der Standard）的記者們討論一個問題：聯邦總理是不是該下台了？這是源自一個很大的新聞而產生的討論，引起我的興趣，便把車停在路邊，仔細聽完節目才走。

事情由來是因為，2019 年時發生「伊比薩」（Ibiza）事件，當時的副總理及國會議員（皆屬於意識形態很有爭議的自由黨）

被邀請到伊比薩島渡假，與俄國商人討論，如果俄國人願意出資協助把奧地利最大報紙《皇冠報》（*Kronenzeitung*）買下來，他們將提供利益交換。這場通俄事件被線人將側錄影片提供德國媒體後被揭露，震驚全奧地利，最後副總理與國會議員皆下台。

而 2021 年 5 月，媒體繼續討論那起醜聞，是因為經濟與反貪檢察總署（WKStA）認為，總理庫爾茲（Sebastian Kurz）疑似在調查那起醜聞過程中作偽證，考慮起訴總理。而庫爾茲則認為他已完全按照他所知、配合對他極不友善的調查過程，檢察官是故意在他的證詞裡吹毛求疵，曲解意義，這是政治鬥爭。反對黨要求他下台，但是他憑良知做事，自問無愧，即使被起訴也不會辭職。

當然，即使起訴，在正常法治國家也必須無罪推定，可是大多數民主國家對政治人物都會有高於法治標準的道德要求，總理的說法引發不少人質疑，例如奧地利司法官協會要求總理勿詆毀司法，必須清楚比起個人利益，法治國原則才是更需要被捍衛的；而聯邦總統也提醒，總理必須尊重憲政機關行使其職權。

媒體也幾乎均持質疑聲音。《維也納日報》（*Wiener Zeitung*）副總編輯賽佛特（Thomas Seifert）便寫道：「總理被起訴的話，這將是共和國最新的政治低點。庫爾茲總理宣佈即使被起訴也不會下台，證實了他對其職位毫無敬意，對共和國也無責

任感。」

我印象最深刻的是，媒體討論下台應否時，使用了「rücktrittsreif」這個造出來的字。Rücktritt是下台，reif是成熟，在德語中與reif作為字尾組成的複合字，就是表示足以如何、已經達到某種程度了，所以rücktrittsreif意思是已經達到可以下台的程度了。

類似用法還有essreif，「可以吃了」，在超市時，可以看到很多難以判斷是否已熟的水果，上面就會貼這樣的字，告訴消費者可以買回家立刻吃。而有個很有趣的字：krankenhausreif，指的是足以送醫院的程度。例句：Sie hat ihn krankenhausreif geschlagen（她把他打到足以送醫了）。

此外，我曾看政治思想家鄂蘭接受訪問的影片，影片留言區有個觀眾留言道，鄂蘭說的話那麼深入且完整，這就是以前的思想家們的風範，說出的話都是druckreif。意思就是，說完後打成逐字稿不需再修飾，立刻可以印成書面，成熟到可以印行的說話風格。

四月，四月！
April, April!

(170) 德國話 bundesdeutsche Ausdrücke

讀奧地利報紙《信使報》（*Kurier*）某日專題，報導奧地利人使用的德語，愈來愈趨近德國。

記者舉了一些例子：奧地利人現在會說 lecker（好吃）、Tschüss（再見）、Brötchen（小麵包）、Junge（小男生）等，這些都是德國話（bundesdeutsche Ausdrücke），以前不屬於「奧地利語」的（奧地利的版本分別是 köstlich、baba、Semmel、Bub）。

我看了有點吃驚，因為 lecker 這個字對於生活在德國的人來說，實在太常使用了，以致於我沒想到，居然那原不是通行於德語區的詞彙。我問我的奧地利同事，會覺得我說的德語太過德國嗎？她說，我說 lecker、Tschüss 的頻率實在太高了，讓人立刻就能分辨，此人是個「Piefke」啊！（這是奧地利人稱德國人的詞彙，帶著嘲笑的貶義。）

於是，後來我與奧地利朋友吃飯時，再不說食物 lecker。好吃極了，當然是 leiwand（奧地利方言，表示超棒的）！

171 去死與爸爸 Tschüss und Baba

　　語言與文化強勢有關，如同全世界的語言裡都因為美國文化而納入愈來愈多英語字彙，在奧地利的出版品、影視節目、甚至 YouTube 觀看影片，來自德國的作品佔了壓倒性的優勢，很自然地，奧地利德語開始向德國德語趨近，尤其在網路世代的語言使用習慣上更可見出。

　　新聞報導，愈來愈多奧地利人使用德國的德語。在奧地利中學裡，說「再見」時，有 79% 的人會說 Tschüss，32% 說 Ciao（以上是德國人通行的說法），22% 說 Servus，只有 10% 的人說 Baba（以上則是典型奧地利人的再見說法）。

　　剛到維也納時，某日我在咖啡館路邊「強尼花園」的座位上喝杯美蘭吉（Melange）咖啡，聽到身旁客人結完帳將離開，服務生對著他說：「Baba！」我當時不知道這個字是再見，心想，這兩人看來不像父子關係啊，為何服務生喚他「爸爸」呢？後來與奧地利朋友聊天，才知誤會了。

　　以前常與台灣友人說笑提到，德國人與人道別總是叫人「去死」（Tschüss），看來還是奧地利人稱人為「爸爸」相較溫馨多了。不過，現在奧地利人也愈來愈少這個「溫馨」傳統，改跟著叫人「去死」了。

172 汽車事故服務 Havariedienst

在奧地利街上可以看到這個字：Havariedienst，Dienst 是服務，可是 Havarie 是什麼呢？感覺不像德語，查了字典，發現是「因車禍而造成損傷」，因此 Havariedienst 指的是車故障時或車禍發生時的拖吊服務。不過，這個字用在汽車事故，多只在奧地利使用，德國多是 Pannenservice 一字。

Havarie 原來的意義是船隻發生意外而致損傷。字源確實不是德語，而是阿拉伯語。根據維基百科，這個字來自 1300 年左右阿拉伯與義大利海運通商，因為阿拉伯人如此稱呼船隻航行發生的意外，遂傳到義大利，拉丁語稱為 avaria，再從義大利傳到歐洲各國去。例如荷蘭語的 averij（或 haverij），瑞典語的 haveri，以及法語 avarie，以及德語的 Havarie。

而在車禍中受損的車輛，就是 Havariefahrzeug；發生車禍時到現場的鑑識員，稱為 Havariekommissare。有意思的是，德語也有這個字的動詞：havarieren，意思是因車禍而受損，例如 Das Auto ist havariert（車子發生車禍而有故障）。

$\textcircled{173}$ 馬鈴薯、李子醬與蕃茄 Erdäpfel. Powidl. Paradeiser

2020 年 10 月，我參加了一場很特別的有關德語的線上講座，主辦者是歐盟執委會裡的奧地利代表團，活動名叫「馬鈴薯、李子醬與蕃茄：25 年來的奧地利德語」（Erdäpfel. Powidl. Paradeiser - 25 Jahre Österreichisches Deutsch）。

這個講座是配合奧地利加入歐盟 25 週年而舉辦的系列活動之一。通常，一個新的國家加入歐盟時，這個國家的官方語言也必須成為歐盟的官方語言之一，以落實歐盟既統一卻又多元的運作方式。不過當年奧地利加入歐盟時面對這個尷尬的問題：德語已是歐盟的官方語言之一了，可是，那是德國的德語，奧地利的德語是一種不同的語言嗎？或者只是方言？歐盟如何處理這個奧地利人自己也不容易回答的問題？

在歐盟已經使用德國的德語情形下，不太可能為了奧地利另闢語言戰場，而且老實說依照我自己在兩地的語言使用經驗，也不覺得有此必要。可是，語言畢竟事關認同問題，奧地利人難以輕言放棄自己語言中獨有的語彙。歐盟的解決方式是，仍使用德國式德語，但在奧地利加入歐盟的協約第十條中，設計了「奧地利在德語中特有的語彙在歐盟中被使用之規範」，規定，歐盟的官方文件中，對於受保護的奧地利德語特殊詞彙，應給予如同德

國的詞彙一樣地位及同等法律效力。

　　這條款明訂的受保護的詞彙如下：Beiried（歐盟德語 Roastbeef，意指烤牛肉）、Eierschammerl（歐盟德語 Pfifferlinge，指一種野菇）、Erdäpfel（歐盟德語 Kartoffeln，指馬鈴薯）、Faschiertes（歐盟德語 Hackfleisch，指絞肉）、Fisolen（歐盟德語 Grüne Bohnen，指綠豆）、Grammeln（歐盟德語 Grieben，指肉的油渣）、Hüferl（歐盟德語 Hüfte，指臀部）、Karfiol（歐盟德語 Blumenkohl，指花椰菜）、Kohlsprossen（歐盟德語 Rosenkohl，指球芽甘藍菜）、Kren（歐盟德語 Meerrettich，辣根）、Lungenbraten（歐盟德語 Filet，里肌肉）、Marillen（歐盟德語 Aprikosen，杏桃）、Melanzani（歐盟德語 Aubergine，茄子）、Nuß（歐盟德語 Kugel，腿肉的某部位）、Obers（歐盟德語 Sahne，奶油）、Paradeiser（歐盟德語 Tomaten，蕃茄）、Powidl（歐盟德語 Pflaumenmus，李子醬）、Ribisel（歐盟德語 Johannisbeeren，黑醋栗）、Rostbraten（歐盟德語 Hochrippe，肋排）、Schlögel（歐盟德語 Keule，後腿）、Topfen（歐盟德語 Quark，軟奶酪）、Vogerlsalat（歐盟德語 Feldsalat，萵苣沙拉）、Weichseln（歐盟德語 Sauerkirschen，酸櫻桃）。

　　奧地利在國際社會上對其語言的堅持，不願被德國的德語完全取代的心情，身為台灣人的讀者，應當很能感同身受。試想，

台灣人聽到「西紅柿」時，雖能知道那是什麼，可是如果那成為國際官方場合唯一形容蕃茄的詞彙，有多少台灣人願意接受？

174 高貴的質性 Edelmut

每年的 9 月 25 日是歐洲語言日，2020 年的歐洲語言日那天，德國政府臉書的小編選了幾個他們最喜歡的德語字，其中一個字我非常喜歡：edelmütig。

edelmütig 真的是一個很棒的字。這是 Edelmut 的形容詞，Edel 是高貴、高尚，所有跟 Edel 連在一起的字都帶著高貴，例如 Edelstahl（不鏽鋼、高級鋼）、Edelstein（寶石）、Edelmetall（貴金屬）、Edelmann（高貴的人、君子）。

而 Edel 加上 Mut（膽識），就是好上加好的詞了。mütig 是帶著膽識、勇氣，所以 edelmütig 這個詞就是形容帶著高貴器度，有正氣。哲學家史賓諾沙敘述 Edelmut 這種質性時，說那是按照理性法則而去幫助他人，並與他人在友情中產生連結的慾望。

175 點心對手 Jausengegner

Jause 是我來到維也納後，第一個學到的「奧地利語」詞彙。

意思是點心或點心時間，是正餐之間的簡單進食。

剛到奧地利時，同事約了假日出門走走，還說會準備 Jause，這個我在德國從來沒聽過的字，一問之下是奧地利人日常生活最常用字之一，趕快記下。與這個字相關的多是食物，例如「點心麵包」（Jausenbrot）、「點心蘋果」（Jausenapfel）、「點心香腸」（Jausenwurst）、「下午茶咖啡」（Jausenkaffee）。另外，擺滿點心的桌子就叫 Jausentisch（點心菜）。

這個字也有動詞：jausnen。我剛吃過點心了，就叫做 Ich habe gerade gejausnet。

有個從「點心」衍生出來的極具趣味的概念：Jausengegner。Gegner 是「對手」，什麼是「點心對手」呢？意思就是根本不構成威脅的對手，不需要放在眼裡。也許勉強可以翻譯成中文的「小菜一碟」吧。

（176）好朋友 leiwande Haberer

Haberer 是一個非常道地的奧地利詞彙，我在德國求學工作多年，從來沒聽過。到了維也納後，某一天在咖啡店裡，不小心聽到鄰桌兩個老先生聊天，才第一次聽到這個字。當時，他們是在描述其他人是 leiwande Haberer。

我在維也納常聽到 leiwand 這個字，也因此學了起來，這是奧地利口語，表示很棒、很讚，有時候也寫成 leinwand。在德國，Leinwand 只有一個意思：螢幕，不可能拿來當形容詞，所以我印象深刻。

可是，Haberer 是什麼呢？我立刻拿出紙筆，記下這個我困惑不已的字。回家後一查，覺得真是太有意思的「維也納語」。《奧地利字典》（*Österreichisches Wörterbuch*）的解釋是：Haberer 特別是維也納地區使用，帶著戲謔意味，意指好朋友、換帖的（字典也說可以另指情人，但據我不正式調查，問了身邊維也納友人，沒人這樣用這個字，也許有地域性差異吧）。而這個字的抽象名詞化 Haberei，意思就是透過友誼、親近而產生的利益往來。這應該就類似中文講的裙帶關係，或者德國人的「親近利益」（Vetternwirtschaft）。

另一個寫法是 Hawara，是意義相同的不同拼法。德語維基百科指出，原來希伯來語及意第緒語的 cháwer 或 cháwerte，正是猶太人指稱兄弟、夥伴、同志的稱謂，而這正是奧地利德語中 Haberer 的前身。例如，美國總統柯林頓在被刺身亡的以色列總理伊扎克·拉賓（Jitzchak Rabin）墳前致哀時，便以希伯來語高呼：Schalom, Chawer！（安息吧，兄弟！）此外，我去參觀維也納猶太博物館時，他們徵求贊助會員的卡片上，就寫著：Sei unser Haberer（當我們的夥伴），非常兼顧維也納與猶太特色的訴求。

某日，我與奧地利同事聊起 Haberer 這個我從未在德國接觸過的概念，說時遲那時快，她露出神秘微笑，從身後拿出一本食譜，上面就寫著「Habibi & Hawara」。這其實是一間餐廳的店名，Habibi 是阿拉伯文的兄弟，所以這個餐廳是阿拉伯語及奧地利德語的兄弟。會這麼取名是有典故的，這間餐廳的股東中有兩人，即當年來到奧地利的中東難民，這間餐廳是一次社會實驗，讓這些人能夠透過創業，在奧地利找到立足之地，所以，不管你用什麼語言，都能在奧地利這個新故鄉，有機會與他人成為換帖好友。

⑰ 四月，四月！ April, April!

多年前，我陪著幾位德國議員在台北參訪。晚上，我們在酒吧喝酒閒聊，突然有位議員拿出手機，在臉書上寫著：「台灣剛剛成立歐洲事務部，而我被任命為第一位部長！」

他的許多朋友半信半疑地說恭喜，或者問，是真的嗎？後來他在留言處寫著：四月，四月！（April, April!）大家才恍然大悟，他貼文那晚，正是四月一日。

德國與台灣一樣，也有愚人節的風俗，而且在這一天，許多媒體會播報一些不可思議的「假」新聞，因為在這一天不管說什麼都無傷大雅。愚人節開的玩笑，就叫 Aprilscherz（四月玩笑）。口語上，遇到覺得難以相信的事，也會說：這是愚人節玩笑吧！（Das ist wohl ein Aprilscherz!）

而開某人愚人節玩笑，就是 in den April schicken，意指把某人送進四月去。開了玩笑後，為了避免這位「被送進四月的人」認真起來或甚至翻臉，還得大聲地說：「四月，四月！」以提醒他記得今天是什麼日子。

此外，還有一句與四月有關的常用成語值得介紹：April, April - Der macht was er will（四月、四月，任性妄為！），或者也有另一個版本：April, April, der weiß nicht was er will（四月、四月，不知自己要什麼），不管哪個版本，都常常被用以形容早春四月多變的天氣，完全反映了四月的任性。

四月天雖然任性，但卻是我很喜歡的時節，與氣候無關，而是因為讀了奧地利小說家羅特（Joseph Roth）一個短篇〈四月：一段愛情故事〉（*April. Die Geschichte einer Liebe*），覺得四月是可以發生許多故事的季節。他寫在四月一個夜裡，男子來到一座山雨欲來小鎮，與小鎮女子發展一段難以完滿的愛情。愛情不是我讀後最深的印象，而是陰鬱的四月，他寫道：「這個夜裡，我

見到許多人。這個鎮裡，許多人可能都很晚才睡覺。或者，是因為四月的關係，空氣裡存在著期待，希望一切有生命的物體都必須維持清醒狀態？」

178 秀色可餐 jemanden zum Fressen gern haben

在德文裡形容人的「吃」與形容動物的「吃」是不同的字，前者是 essen，後者是 fressen。

可是 zum Fressen 這個片語，沒用在動物反而用在人，非常有意思，用法是 jemanden／etwas zum Fressen gern haben，意思是非常希望能擁有某人／某物、非常喜愛某人／某物，直譯就是很想把什麼人／物給吃了。

這個片語使用動物的吃（fressen），所以大概可以翻譯成：想把某人給生吞活剝（請以甜蜜溫暖的語氣）。突然想到中文也有一個活靈活現的成語：形容女生漂亮，說秀色可餐。看來食慾跟性慾總是結合在一起的，中外皆然。

另外，為什麼要用動物的進食動詞 fressen，而不用人的進食動詞「吃」（essen）呢？我不是語言學家，不清楚真正原因，但依我的感覺，正是因為德語中對人與動物的吃分得太清楚，所以基本上不可能用錯，因此，當我們說想把一個人 fressen 時，不

會引起誤會，反而會有一種荒謬的俏皮感；如果誰說要把一個人essen 了，非但沒有什麼甜蜜幸福溫暖感覺，反而有沉默的羔羊中那個吃人魔的感覺。

(179) 誰讓我一直能跟上最新狀況？
Wer hält mich immer am Laufenden?

2020 年，奧地利報紙發起一個有意思的訴求。報上刊登廣告，大大的標題寫著：「誰讓我一直能跟上最新狀況？（Wer hält mich immer am Laufenden?）」接著寫著：「我的送報員（Meine Zeitungssteller）」。畫面上是一位笑得開心、在黑夜中工作的送報員。

這個廣告，是為了向那些總在凌晨就出門工作的送報員致敬。尤其在疫情期間，大家都留在家裡時，總還是有些人風雨不休地出勤，送報員便是其一，使許多人依然能在家裡吃早餐時就可獲得最新的報導與評論，跟上這個世界的最新狀況。

這個詞 am Laufenden halten，是從 das Laufende 這個動詞名詞化而來（laufen 就是跑步、或者事情的演變與發展，如果說 es läuft gut，就是某事過程很順利。口語上問候，有時候也會說 Wie läufts? 即「怎麼樣了？」）Am Laufenden，意思就是維持在

事情的發展情形上，也就是了解最新狀況，有時候也會用另一個介系詞，寫成 auf dem Laufenden（尤其在德國）。常常在信件裡，我們會這樣請求對方，請讓我知道最新狀況（Bitte halten Sie mich am Laufenden）。

(180) 薩克森方言 Sächsisch

漢堡警方發布一則新聞，一位八十幾歲老婦接到詐騙電話，這是德國常見的「孫子詐騙」。歹徒佯稱是她的孫子，有急難需要錢，跟奶奶借，奶奶原不疑有他，但後來心生懷疑，報警後，警方循線抓到歹徒。老婦說，之所以有疑，是因為他的孫子向來跟她說的是薩克森方言。那歹徒的德語，實在太標準了。

很多人都知道，路德以其《聖經》翻譯，在統一德語之路上作出無比的貢獻。但是很少人知道，路德工作時所用的語言並非今日認為的標準德語，而是薩克森方言（Sächsisch），他自己的母語。

德語這個概念裡存在各種方言，一般說來，北方德語區的方言更趨向標準德語，南方的方言與標準德語的差異較大，例如巴伐利亞、施瓦本地區（或者也把奧地利算進來），這些地方的人如果不說標準德語，對不是出自這些地方的德語母語者來說，甚

至都不容易懂。

而其中一種最「惡名昭彰」的，就是路德的語言，薩克森語。

如果在德國人中做個問卷調查，最不喜歡那種方言，薩克森語很有機會拿下冠軍。許多人認為這種方言非常不好聽，巴伐利亞人或施瓦本地區的人，有些會為自己的方言而自豪，認為是其文化認同的一環，可是極少薩克森地區的人會這樣看待自己的母語。不過，在路德那個時代，薩克森語可是很有機會成為標準德語。至少在普魯士征服薩克森王國之前，薩克森因為位於歐洲的經商之路上，其語言也是貿易往來語言。薩克森語是當時許多外地人的溝通工具，不像今日這麼惡名昭彰。

薩克森語多麼難懂，一個例子可以說明。《南德日報》總編輯普朗特（Heribert Prantl）曾經寫過一個真實的故事，1974 年，總理威利・布蘭特（Willy Brandt）的外交部長被選為總統，外長這個位置空了出來，布蘭特想任命來自薩克森地區、自民黨的根舍（Hans-Dietrich Genscher）。今日他被視為一位極為傑出的外交部長，可是當年上任前，誰也不能確定。當時自民黨內爭執不下，不知根舍是否足以接任，其中一項懷疑是外語能力。當時黨內同志便有人開玩笑地問他說：如果不把薩克森語算進來的話，你還會什麼外語嗎？

(181) 間接受格 e 結尾 Dativ-e

一位德文已經學了蠻久的朋友，開始讀史賓格勒（Oswald Spengler）的《西方的沒落》（*Der Untergang des Abendlandes*）。老實說，就算德文已經學到可以讀報紙的人，要閱讀這本書還是勇氣十足，不是因為德語（史賓格勒使用的語言其實並不複雜），而是內容實在太廣博。

他傳來一句書中的話。是該書導論第一句：「In diesem Buche wird zum erstenmal der Versuch gewagt, Geschichte vorauszubestimmen.」問我：這裡是不是印錯了？這句話的意思是「在本書裡，將首次大膽嘗試提出歷史的條件。」可是「在本書裡」不是 In diesem Buch 嗎？為什麼印成 Buche？

那並非編輯未校對出的錯誤，而是正確的──至少，當年非常正確。這是一個今日為人忽視的文法，稱為「間接受格 e 結尾」（Dativ-e）。史賓格勒這本書寫於第一次世界大戰期間，仍習慣舊式標準文法，才會有這樣的書寫方式。如果讀老《聖經》譯本，也會看到很多這樣的用法。

通常，間接受格並不需要接上 e 結尾，但是以前的德語文法裡，中性與陽性間接受格必須加上 e 結尾，也因此 in diesem Buch 必須寫成 in diesem Buche，但是到今日這種規則已經逐漸被

忽視，僅在某些用法中仍可見其痕跡，例如 zu Hause（在家）、回家（nach Hause）、zu Tode kommen（死亡）、im Grunde genommen（基本上）、im Jahre（在某年，但是現在也多半僅寫成 im Jahr）等等。

因此，康德《純粹理性批判》的導論中有句名言：「我們都擁有某些先於經驗的知識（Wir sind im Besitze gewisser Erkenntnisse a priori）。」這裡的擁有（im Besitz）一詞，在那個時代就是使用加上 e 結尾的寫法的。

語言學家認為這種「e 結尾」源自中世紀日耳曼語，但間接受詞省去字尾不是當代才發生的，幾百年來許多德語使用者省去字尾 e（在語言學中稱這種省略為 e-Apokope），以前這在語言教育中被批評為錯誤德語，但今日已不再是錯誤。相反地，倘若今日你堅持這個規則，反令人感覺怪異（不過，文法上是絕對正確的）。連海德格這麼尚古的哲學家，寫起「在林中路上」時，也只寫著：auf dem Holzweg。

某個晚上我看奧地利的答題拿獎金綜藝節目，有一題問：文學界現在重譯一本世界名著，書名拿掉一個字母，是哪一本？來賓完全答不出來，主持人直到公布答案也無法解釋為什麼那本書現在拿掉一個字母。但我一看就知道答案，那就是《飄》，我書架上還有這本書第一版的德譯本。三〇年代出版時，其德文書名

叫 Vom Winde verweht，今日不再嚴格依循間接受格 e 結尾，遂寫成 Vom Wind verweht。

有關這個文法規則，語言學家施屯普夫（Sören Stumpf）寫了一本十分精彩的《合於形式的（不）規則》（*Formelhafte（Ir-）Regularitäten*），詳細解釋「e 結尾」的產生可能原因、歷史演變、何以在部份用法中仍留存及學界對於這種規則（或反規則）的不同立場，非常好看。

⑱ 同形詞 Homograf

前面談 Hochzeit 同時有兩個意思：婚禮，以及巔峰期，發音其實有一點差異。這種一個字同時表達出兩種不同意思、通常也具有兩種發音，稱為 Homograf（也可寫為 Homograph），意思是：同形詞。

例如 umfahren，重音在後時是「繞行」，但重音在前時是「（駕駛交通工具）撞上」。又例如 Montage 是週一（複數），可是以法文發音時，意思就是組裝。

不過，也存在相同發音的同形詞，例如「蒼蠅」的複數以及「飛翔」都是 Fliegen，「數字」的複數與「付錢」都是 Zahlen。

這種同一個字形卻能出現兩種意義的情形，也能激發人深

思語言背後的複雜含義。哲學家海德格就在其講課上，針對 übersetzen 大談特談。這個字是指「擺渡」，但也是指「翻譯」，對海德格來說，翻譯不同語言，就是在不同世界的兩岸之間擺渡。

(183) 被動與變化 Werden

德語的被動式助動詞是 werden，這個字不當助動詞時，是動詞的「變化」。

原來我對兩個意義凝結在同一個字上，沒有其他想法，單純接受德語的這種兩用。可是，讀了學者歐斯特里奇（Sebastian Ostritsch）《黑格爾：世界的哲學家》（ *Hegel: Der Weltphilosoph* ）一書，深受啟發。

他說，黑格爾哲學給予「變化」極為重要的地位，甚至尼采也最重視黑格爾的這個概念，並且宣稱「我們德國人都是黑格爾主義者」。此外，他引用另一個哲學家馬達里亞嘉（Salvador de Madariaga）的說法，指出德語的被動式必須使用「變化」，「這種特徵，使得這個語言有不斷移動的特質，有著流動的特性。這種用以表達被動動詞的特徵與狀態，並非固定的。它們不是靜態的存在，而是動態的變化，從這個狀態變化到下一階段，然後再

演變，永恆、不斷持續地流動。」

這確實是德語的特色，英語以存在動詞作為被動式的助動詞，可是德語卻依賴一個變化的動詞（一個動詞產生的變化），因此賦予被動式一種流動生成的感覺。不過我覺得，或許也可換個方向想，所有的變化，都帶著被動式的味道。我們的人生確實一直在變，可是也許都是被動，經常身不由己。

其實，werden 也是未來式的助動詞，用以表示將會出現的狀態，常會在承諾或預言的情境下使用。由此觀察，未來的狀態，現在做出的承諾，不也都是持續變化中的嗎？

(184) 性別正確的語言 gendergerechte Sprache

2020年11月15日，德國知名政論節目《安娜‧威爾》（Anne Will）討論的主題是：「到底如何使用性別正確的語言？」

我在好幾本書及文章裡寫過德語名詞的性別問題，這對於中文或英文的使用者來說應該很難想像，也不可能成為政論節目的主題。但是大部分歐陸國家帶著性別的語言都會遇到這個兩難：要放棄陽性名詞複數指稱所有性別複數，以更複雜方式表達名詞複數，雖然納入了所有性別，但是卻放棄語言的單純性？

大部分的德語母語者都反對將德語性別正確化，而希望維持

原來的陽性指稱全部的文法（2021 年 5 月的民調顯示，三分之二的德國人反對性別正確文法）。不過，越來越多公家機關及學術機構都選擇改採性別中立的稱呼，這是時代的方向。

2019 年，德國聯邦憲法法院做出了一個指標性判決，要求所有公家機關到了 2020 年都必須使用性別中立的文法，也就是說，如果要指稱的就是所有人，那麼不得有任何性別被排除於公文用語中，此判決一出，引起熱議，當然也引起極大的反對聲浪。

德國聯邦憲法法院做出這個判決後，公家機關應該如何調整用語？以讀者（Leser）一字為例，以前僅以男性讀者複數（Leser）來指稱所有讀者，但以後必須性別中立化，可能性有：

一、並列：例如 Leserinnen und Leser（女性讀者們與男性讀者們）。

二、結合：可以用 Leser/innen、LeserInnen、Leser*innen，後者也就是「性別星號」（Gendersternchen）。

三、抽象化：例如 die Leserschaft。指稱機關部門的首長，原來是 Leiter/in，現在很多改為 die Leitung，也是這個邏輯。

四、動詞化：例如以 die lesende Person（閱讀的人）來避開性別難題。不過這個做法有時候是有疑慮的，因為意思可能會被改變。例如 Student/in（學生）是一種身份，學校常改稱為 Srudierende（學習者），那卻是一種動作者。不學習的學生，仍

然有 Student/in 的身份，但還是 Studierende 嗎？

　　我自己是支持性別中立的文法，至少政府文書可以作為表率（也沒有用語太過複雜的包袱，公務員用語並不會因為少了性別中立文法，就變得不複雜），但人與人之間的對話如在不會引起誤會的前提下，不一定要這麼複雜。但我可以想像有極多人反對這種文法規則，這是正常的，語言從來不是鐵板一塊，是有機的，時時刻刻都在變化，我們通常無法感覺，但它確實發生劇烈改變的時候──其實，也通常是下一個世代對上一個世代的語言主導權提出挑戰的時候──會遇到抗爭。因為，語言的改變，也是社會秩序與權力的改變，少數族群要改寫規則，讓多數族群或者掌權者去遵從，這種改變從來就是困難重重。

(185) 年度語言保存者 Die Sprachwahrer des Jahres

　　德國語言世界協會（Deutsche Sprachwelt）以保存、提倡德語的使用為宗旨，每年票選最有助該目標的人，授予「年度語言保存者」（Die Sprachwahrer des Jahres）稱號。不過 2020 年年底協會開出來的票選名單，有一位出乎一般人意料之外的候選人：英國皇儲查爾斯。他與德語有什麼關係？

　　2020 年 11 月 15 日，查爾斯受邀在德國國會參加人民悼亡

日（Volkstrauertag）儀式，並舉行演講。在演講中他強調英德之間的連結：「我們將永遠是朋友、夥伴及盟友，讓我們回顧過去發生的一切，檢視我們共同克服的、以及共同學到的東西。」

一場動人的演講。更令許多德國人驚訝的是，以上這些話，查爾斯王子是以接近完美的德語說出來的。

查爾斯王子演講中強調，自神聖羅馬帝國時代以來，兩國便來往緊密，德語更是莎士比亞首先被翻譯為外語的版本。而德語也是英國學界非常重視的外語。德國人聽到這些自然覺得欣慰。

這次演講後，媒體討論何以查爾斯王子能說這麼好的德語，雖然之前他已在不同場合說過德語。聽得出來平時不常說，但是其德語能力毋庸置疑。其實這應當不意外，先不論英國王室的教育應包括歐洲重要外語學習，讀過劍橋大學歷史系的他，不應該沒學過在史學界無比重要的德語；更關鍵的是，其父親菲利普即是英德混血，查爾斯王子的父母雙方，也都有來自德國的貴族親緣關係（有看影集《王冠》*The Crown* 的朋友應該印象深刻，伊莉莎白與菲利普婚禮上，邱吉爾在座位上碎碎念：伊莉莎白的三個姐姐都沒出席，因為她們全部嫁給納粹！）。一位有德國血統的英國皇儲，德語說得如此流利，可說正是那句「永遠是朋友、夥伴及盟友」最好的代言人。

(186) 朕即皇帝 Wir sind Kaiser

奧地利每年年底跨年的晚上，有個很特別的喜劇節目《朕即皇帝》（*Wir sind Kaiser*），闔家收看這個節目已經成為某種文化傳統。而這個節目名稱就是皇帝以複數的我們（Wir）自稱，節目裡的來賓也會畢恭畢敬對扮演皇帝的演員說「皇上」，德文是 Eure Majestät，Eure 也是複數你們（ihr）的所有格。這種稱呼方式在德語文法裡叫作「尊嚴複數」（拉丁語 pluralis majestatis）。

尊嚴複數，維基百科這麼解釋：「又譯權能性的複數，是一種語言用法，一個在社會上擁有高位階的人在說話時，以複數代詞（例如英語：We）來借指自己。這個人可能是擁有政權的政治領導者（國王，皇帝或蘇丹），或是宗教領袖（主教，或教宗）。這種用法常見於傳統的歐洲及中東。」

我會注意到這個用法，不是因為看政治人物說話，而是讀路德翻譯的《聖經》時，有一個地方很困惑：在《聖經》中，上帝的動詞是單數，但是卻常常以複數型態出現。也就是說，上帝的存在是複數的，行動卻是單數的。

最明顯的例子就是《創世紀》：Dann sprach Gott: Laßt uns Menschen machen nach unserem Bilde......（於是上帝說：讓我們依照我們的形象造人……），sprach 是說話單數動詞過去式，

可是說的內容卻是「讓我們」（Laßt uns）、依照我們的（nach unserem），形象（Bild）卻又回到單數。我們是複數，卻只有單一的形象。

為什麼會如此？查了資料發現，不只我注意到，這個問題幾千年來許多人問，有些神學家認為這支持了基督教三位一體的教義，希伯來文《聖經》裡的上帝也是複數名詞。我非宗教專家，不敢定論，但是這讓我聯想到尊嚴複數。上帝以「我們」的姿態發聲，這應當是歷史上最早的尊嚴複數的記錄吧？

而德語裡對您的尊稱 Sie，與「您們（他們）」形態相同，也是另一種尊嚴複數的用法。順帶一提，這個特殊的用法不只是德語獨有，在歐洲其他語言也存在，例如義大利語也有這個稱呼方式。

(187) 將它一軍 in Schach halten

奧地利《旅遊產業雜誌》（*travel industry professional*）刊登一篇討論台灣防疫很成功的文章，篇名為〈台灣是這樣控制疫情的〉（So hält Taiwan Corona in Schach）。

這裡使用的片語 in Schach halten 很有意思，指的是把某種危險情況或者是把對手給控制住了。例如：我們的免疫系統

可以控制住病毒（Unser Immunsystem konnte die Viren in Schach halten）、那些攜帶武器的人被警方控制住了（Die bewaffneten Männer wurden durch die Polizisten in Schach gehalten）。記者用這個片語來形容台灣如何因應疫情，非常到位。

2020 年有部非常精彩的影集《后翼棄兵》，看了這部影集德語版的觀眾，應該都忘不了這個單字：Schach。這是指西洋棋，這個字來自波斯語的 Schah，其實最早是來自羅馬指稱皇帝的字 Caesar。據說西洋棋原來源自北部印度，傳到波斯之後，才經由阿拉伯到了歐洲，所以德語稱西洋棋是借用波斯語語源。而這個 in Schach halten 的意思其實正是，把對方將軍，讓對方的國王動彈不得。台灣的防疫關鍵，不正是堵死了病毒的傳播去路嗎？

媒體說到控制疫情，還常用另一個片語：im Griff haben，Griff 是掌握、抓取，所以這則片語意思很明顯。此外，還有用 in der Hand haben（握在手裡）這個片語，梅克爾於 2020 年 11 月說起德國疫情時便說：「我們控制得住（Wir haben es in der Hand），我們並非無能為力。」但這兩種其他方案因為都很明顯、直接，不如把對方將軍這樣的片語來得饒有興味。

監控牛肉標籤職務委託法

Rindfleischetikettierungsüberwachungsaufgabenübe rtragungsgesetz

　　讀中國日耳曼文學學者楊武能的《三葉集》，書中引用艾克曼的《歌德對話錄》中的一段，覺得有意思。那一段是歌德跟他的秘書艾克曼聊起翻譯：「我們談到了翻譯問題，歌德告訴我，他感到很難用德語詩句再現英文詩。說用德語的多音節詞或者複合詞翻譯英國人有力的單音節詞，完全是白費力氣，毫無效果。」

　　確實，大部分的德語詞似乎都比英語更長一點，互譯時的節奏與旋律會有大幅改動。以前曾經有位來德國租車的朋友，因為超速被開了罰單，租車公司轉給他並附上一封信告訴他超速了。他看不懂那封信，拿來問我這是什麼意思，我說超速通知，他看了很久，說德語跟英語差那麼多嗎？沒看到類似 speeding 的字。我便指了那個德語字給他：Geschwindigkeitsüberschreitung，整整三十個字母。

　　三十個字母並非驚人，網路上流傳著許多取笑德語字冗長的段子。一個最經典的例子，據德語維基百科說，金氏世界紀錄中最長單字是 Donaudampfschifffahrtselektrizitätenhauptbetriebswerk-bauunterbeamtengesellschaft，共有 79 個字母，大概的意思是：多

瑙河蒸氣船引擎電機組裝低階職員協會，但是這個字讀來實在詭異難解，有人考證，歷史上根本沒有這樣的協會，這是個硬生生造出來的字。

真正存在的字是德國的 Rindfleischetikettierungsüberwachungsaufgabenübertragungsgesetz，意思是監控牛肉標籤職務委託法，不過這個法令已於 2013 年被廢止。當年媒體以及許多德語怪人還惋惜，一個如此充滿德語特色的字就這麼走入歷史。現在《杜登》字典裡最長的字是 44 個字母的 Aufmerksamkeitsdefizit-Hyperaktivitätsstörung，「注意力不足過動症」，不過因為這是個複合字，使這個冠軍有點爭議。如果包括複合符號的字不要列入，那麼字典裡收錄最長的字其實是蠻常見的字，Arbeiterunfallversicherungsgesetz（勞工意外險法）及 Bundesausbildungsförderungsgesetz（聯邦資助培訓法），均為 33 個字母。

(189) 抵押 Pfand

Pfand（抵押）這個字對外國人來說並非容易發音的德文字，但卻非常熟悉，因為在德國，每一罐啤酒瓶都可以去超市的退瓶機（Pfandautomat），拿回一定的押金。在耶誕市集買熱紅酒時，通常也會有兩歐元的杯子抵押費用。這些押金都叫 Pfand。

因為好奇這個字的來源，我查了幾本字典，大部分的字典都寫著來源不明，只有杜登《德語字源字典》認為，Pfand 這個字很可能來自拉丁文的 pondus，意思是「重量、同等重量」，所以，Pfand 便被引申為等值物。與這個字相關的德語字彙還有法律用語擔保物權（Pfandrecht）、當鋪（Pfandhaus）、公營典當所（Pfandleihanstalt）等。各式各樣的抵押，以及拿回抵押，對很多人來說是日常生活的一部分。

這些年來，在德國路邊可以看到愈來愈多人搜集空瓶，其中不只是老年人或者遊民，還有部分失業者。退瓶費已經是某些人的主要收入，誇張一點說，也許還協助構成了社會安全網。所以我剛到奧地利時，發現這裡沒有那麼完善的回收空瓶系統，深覺可惜。

回收瓶子，不但能拿回抵押金，還能幫助地球永續發展。2020 年 1 月，德語媒體上熱烈討論一個與 Pfand 相關的議題。因為電子垃圾太多，回收處理的比率又太低，德國綠黨提議，應該要比照買飲料時的押瓶費，每位消費者在購買手機或平板時應當抵押 25 歐元，未來報廢時取回。綠黨在國會的環境政策發言人霍夫曼（Bettina Hoffmann）於接受《明鏡週刊》專訪時表示，德國每年消費 2400 萬支手機，可是目前德國的回收率只有 45% 左右，在歐洲各國表現偏低；在德國各個家庭裡的抽屜或倉庫中

藏著超過一億支以上報廢老手機，今日的專業回收公司可以循環再利用其中 98% 的材料，德國應該立法通過抵押機制，如同退瓶一樣提供回收誘因，以使被消耗的許多機械貴金屬被回收再利用，減少地球資源浪費。

(190) 主語、謂語、罵人語 Subjekt, Prädikat, Beleidigung

有個柏林人在社群媒體上拍了他家社區大門，管理員在門上貼了這樣的紙條：

「敬愛的屋主／房客，請容我們請求您留意，關上您身後的大門。我們感謝您的合作。您的房屋管理處。」（Sehr geehrte Eigentümer / Mieter, wir erlauben uns, Sie zu bitten, darauf zu achten, die Hauseingangstür hinter sich zu schließen. Wir danken für Ihr Mitwirken. Ihre Hausverwaltung.）

他的評語：這可能是全柏林最有禮貌的房屋管理員了。這我很認同，我與房屋管理員打交道的經驗，真沒有幾次愉快的。而這個案例中更令人驚奇的還是，這位貼文者是柏林的房屋管理員！我曾經在《德語是一座原始森林》裡寫了一篇〈柏林賤嘴〉（Berliner Schnauzer），引來不少讀者討論。許多人問我，柏林

人真的那麼嘴巴不饒人嗎？但是也有很多住過柏林的人，贊同我的觀察。

柏林人的凶悍是真的。要知道通常柏林式文法，號稱有三構成要素：「主詞加謂語加罵人語（Subjekt, Prädikat, Beleidigung）。」也因此這位房屋管理員才那麼令人嘖嘖稱奇啊。

不過，雖在〈柏林賤嘴〉裡說過了，這裡還是要再重複一次我的立場。我說柏林人嘴賤並無貶意，因為這是事實，而且，我很認同柏林人的公平：不管你是什麼種族、膚色、性別、性傾向、年紀、國籍、信仰……，我一律討厭你們！

順帶一提，德國的房屋管理員是一個複合字 Hausmeister，Meister 是主人、大師，這裡是專業職人，許多職業都會用上這個字，例如 Postmeister（郵差）、Schwimmmeister/Bademeister（游泳池管理員）、Singmeister（中世紀時合唱團的團長）。不過，奧地利的房屋管理員不叫 Hausmeister，而有一個獨特的稱呼：Hausbesorger，besorgen 這個動詞是照料，也因此可以看到德國與奧地利語言中對房屋管理員的不同理解：一個是管理的人，一個是服務的人。

(191) 人哪！Ach Mensch！

好萊塢女演員珊卓布拉克在 2010 年學院獎（the Academy Awards）頒獎典禮上，被德國媒體請求，以德語問候她在德國的家人們，布拉克大概常常被德語區媒體這麼詢問，有點無奈地說：「Ach Mensch！」然後用極為流利的德語向德國家人們道晚安。

德語是布拉克的母語之一，因為她的母親是德國歌劇演唱者，小時候也曾隨母親在紐倫堡生活、求學，直到 12 歲。因此她有一半的家人住在德國，她說起德語甚至帶著一點點巴伐利亞法蘭肯地區腔調。所以很多德國人把她看成「我們之一」。

布拉克的這句「Ach Mensch！」，就是說明她作為德語母語者的最好例子。這句話直接翻譯是「啊，人哪！」，非常道地的德國口語，作為驚嘆詞，常常用在表達無奈、抱怨，或者隨語氣不同也可能是驚訝。有時候，「人」也會用在口語粗魯稱呼對方時，例如：Mensch, hör damit auf!（嘿，停手！）以前我曾經在擁擠的車站月台上踩到一個年輕人的腳，在我還來不及道歉前，他已經生氣地大喊：Mensch！

跟 Mensch 有關的驚嘆詞，還可以加上「邁爾」，變成「Mensch Meier!」，這裡的邁爾沒有什麼意思，就是為了發音，變形的表達方式還有 Mann!、Mannomann!、Menschenskind!，例

句：Mensch Meier! Das ist aber ein tolles Auto!（哇塞，這台車真棒！）

「人」用來表達驚訝、驚嘆，不知語言學上如何解釋，但我認為「人」能思考、創作、掌握語言、在抽象概念上論辯、幫助他人，這樣複雜精巧的生物，確實值得驚嘆。難怪歌德寫下這樣的名句讚嘆：「人如此高貴，樂於助人且良善，單單這樣的質性便使人全然不同於所有我們知道的存在物！」（Edel sei der Mensch, hilfreich und gut; denn das allein unterscheidet ihn von allen Wesen, die wir kennen!）

192 《杜登正字字典》Duden Rechtschreibung

2020 年 8 月，德國《杜登正字字典》（*Duden Rechtschreibung*）發表新版，成為媒體焦點。

作為權威字典，《杜登》影響力極大，因此每次改版總是引起語言學家、媒體及社會各界熱議。上次改版是 2017 年，三年來社會變動極大，語言如何反映這變動，德語區讀者都密切關注這第 28 版《杜登》是否能達成任務。新版刪去 300 個左右不再被使用的字彙，增加大約三千字彙，有很多反映時代精神的語言新趨勢，例如 Klimanotstand（氣候緊急狀態）、Netflixserie

（網飛影集），當然，也少不了 Herdenimmunität（群體免疫）、
Ansteckungskette（傳染鏈）、Lockdown（封城）這樣的字彙，且
在 Corona 那個原已存在的字加上一個解釋：對新冠病毒肺炎的
俗稱。

值得注意的是，新版收錄許多英語化詞彙（Anglizismen），
也就是引入英語字彙，或者以德語方式借用、改造英語字彙，
例如 Influencer（網紅）、Mikroplastik（塑膠微粒）、Fridays for
Future（週五護未來）、Hatespeech（仇恨言論）、transgender（跨
性別）、Uploadfilter（上傳屏蔽）等等。

許多人批評英語化現象已經在傷害德語語言，我認為有些英
語詞彙進入德語確實不具嚴格邏輯，很難說服我，但是有些移植
既合理、也無法避免。德語使用者也無須太過擔心，這些英語化
詞彙確實在社會溝通裡發揮作用，不能無視其存在。時代不斷變
化，自然會淘汰一些我們不再需要的語言。我希望幾個世代以
後，人們會說，啊，當年《杜登》收入了新冠病毒這個詞，但是
它已經在人類社會裡消失多年，我們可以從杜登裡劃掉它了。

(193) 我們吃吧，孩子們 Wir essen, Kinder

德語的標點符號，其實很多以德語為母語者都無法掌握，尤

其是逗號。通常，句子中省略逗號或者放錯地方，影響不大，可是在某些脈絡下有完全不同的意義。

2020 年夏天，歐洲人剛剛度過第一波新冠肺炎疫情，暑假將到，歐洲執委會主席封德萊恩（Ursula von der Leyen）呼籲歐洲人，暫緩渡假，以免第二波疫情再起。巴伐利亞電視台在其網站上刊出快訊，標題是：Kommissionspräsidentin rät ab jetzt Sommerurlaub zu buchen。

這裡出現的文法問題是，在 rät ab（abraten，建議不要做什麼事）這個分離動詞後面，應該加上逗號，才能形成「Kommissionspräsidentin rät ab, jetzt Sommerurlaub zu buchen」（意思是，執委會主席建議，現在不要訂夏日渡假行程）。在沒有逗號的情況下，也可能把 ab 與 jetzt 放在一起，讓 raten（建議）這個動詞單獨存在，全句被誤讀為「Kommissionspräsidentin rät, ab jetzt Sommerurlaub zu buchen」（執委會主席建議，從現在起訂夏日渡假行程）。一個逗號之差，意思相去甚遠，亦可能決定生死。

網路上還有一些差一個逗號，意思就完全不同的有趣例子。例如 Er will sie nicht.（他不想要她）/ Er will, sie nicht.（他想要，她不要）；Der Mann sagt die Frau kann nicht Auto fahren.（男人說女人不會開車）/ Der Mann, sagt die Frau, kann nicht Auto Fahren.（女人說，男人不會開車）；Computer arbeitet nicht, ausschalten.（電

腦不運作，關上）/ Computer arbeitet, nicht ausschalten.（電腦運作中，別關上）。而我最喜歡的是這句：

Wir essen, Kinder.（我們吃吧，孩子們）/ Wir essen Kinder.（我們吃孩子們）（！！）

(194) 運動大觀再見了 Sport-Tschau

2019 年，德國電視資深足球球評德林（Gerhard Delling）退休了。

德林一輩子職業生涯都與運動相關，除了是球評外，也是體育記者，曾經主持非常受歡迎的週末體育新聞節目《運動大觀》（Sportschau）。2019 年 5 月，他播報完最後一集節目，放下麥克風退休。2018 年他宣佈隔年要退休時，《明鏡週刊》即寫了一篇報導，可見他的影響力之大。

那片報導標題是 Sport-Tschau。這是個很趣味的雙關語，一方面形容他曾經主持過的《運動大觀》，另一方面，也將 Schau（觀看）改寫成 tschau（再見、道別語，亦可寫成 ciao）。一個字同時說出：別了，運動大觀！

195 使用代替浪費 verwenden statt verschwenden

在奧地利的超市裡，常常可以看到快到期的食物打折，依即將到期的時間七五折到五折不等。包裝上會貼一張貼紙：「Lebensmittel sind wertvoll」（食材很可貴），告訴消費者勿浪費食物。

不過，我看過一張海報，覺得其標語更有創意。德國 Aldi 超市，在一張食材照片的海報上寫著：「verwenden statt verschwenden」，使用，取代浪費。非常好的標語，因為意義到位，而且，verwenden（使用）與 verschwenden（浪費）這兩個字既押頭韻又押尾韻，確實令人印象深刻。

不過這句美麗的標語並非 Aldi 的專利。2019 年，奧地利社民黨也提出一份說帖，題目就是這句話，內容是倡議解決食材被丟棄的問題。社民黨建議超市應該公佈其處理廢棄食材的資料、超市應被強制，將不再可販售的食材捐贈給社福機構、應禁止超市毀壞不再可販售的食材、必須想出更佳的處理廢棄食材方式等。我確實贊同，必須透過立法來改變浪費行為。食材被生產出來後，花了無數碳足跡，又被下架、丟棄，這對地球永續發展是很大的傷害，而那絕不是依靠七五折或者五折就能解決的問題。

(196) 一台沒有男（主）人的女用腳踏車
Ein herrenloses Damenfahrrad

我很喜歡德國一個脫口秀演員施羅德先生（Herr Schröder），這是他的藝名，其本名為約翰·施羅德（Johannes Schröder），本行是柏林的中學德文老師，因此他的笑話有很多與語言相關。他因為太喜愛脫口秀，休假去加拿大聽了無數場演出，回德國後開始做業餘表演脫口秀的工作，大獲成功，多次得獎，後來他便留職停薪，巡迴全德表演。

有一段，他談語言中的隱喻（Metapher）。他說我們日常生活中使用無數的隱喻，能使語言更生動。每個人平均每天使用 180 次隱喻，很多隱喻很切中意象，例如，我們的愛是野火（Strohfeuer）。

他舉的這個例子很好，Strohfeuer 在德語中是每個人都清楚的比喻，這種燃燒田間草堆的火焰，燒得又急又旺，但是並不一定長久，用來形容強烈、但是也許不持久的激情。

但是也有很多語言使用方式，同時存在著矛盾或曖昧的概念，讓他無法理解。一個很有趣的例子：一台無主的女用腳踏車（Ein herrenloses Damenfahrrad）。

在德語中，無主是 herrenlos，Herr 是主人（《聖經》裡便

用 Herr 來稱天主），可是這個字同時也是稱對方「先生」時的稱呼語，也指男性。義大利小說家富露泰洛（Carlo Fruttero）晚年寫的自傳，其德文譯本的書名就叫《一位抽煙的先生》（*Ein Herr mit Zigarette*）。

一台無主的女用腳踏車，也是一台無男（主）人的女用腳踏車。這個語言上的曖昧，很有意思。我想到另一個有趣的說法是：Ein eingefleischte Vegetarier，意思是一個百分百的素食者。eingefleischt 這個字是進到（ein）肉（Fleisch）裡去的意思，也是一種比喻，用以形容深入骨子裡、已經成為其本性、不可能再改變，例如可以說某人是鐵粉，就可以說是 eingefleischter Fan。用在素食者這個概念上，那麼貼切，但又那麼衝突。

(197) 現在還是馬上 jetzt oder gleich

另一位我蠻喜歡的德國脫口秀演員，叫作坎佩爾（Tamika Campbell）。

確切來說，她不是德國演員，她是美國黑人。從小在紐約的穆斯林教派中成長，身邊的人多說著阿拉伯語。後來脫離那個教派，四處打工維生，二十幾歲時在網路上認識了一個德國男友，便移民到了德國，在一個文化與語言完全陌生的國家生活下來。

後來這段感情告終，但是她不再離開柏林，並在異鄉開始其脫口秀演員之路。

我喜歡看她表演，是因為她除了來自完全不同文化，對德國有敏銳且有時帶點合理的憤怒的觀察，但她的敏銳，其實也來自不同語言之間的切換。德語是她二十幾歲才開始學習的外語，她說話帶著濃厚美式腔調，也自嘲，這個語言她一輩子都不可能說的完美。但是我已經非常佩服她的流利德語，其表演常能抓住語言中的衝突笑點，這沒有絕佳的語言天份是做不到的。

一段表演中，她這麼說德語給她帶來的困惑。例如，德國人會說 ihr alle beide（你們兩個全部），英語裡是沒有 all of both of you 這種說法的，「到底是兩個？還是全部？」或者德國人也常說 jetzt gleich！現在馬上！坎佩爾問，究竟是現在？還是馬上？（gleich 有立刻，但也有等一下的意思，例如：我馬上回來，ich bin gleich wieder da）

不過我認為 jetzt gleich 中的 gleich 是有功能的，這兩個字並非僅是語言學上說的「贅語」（Pleonasmus，來自希臘語的 pleonasmós（多餘或過度））。gleich 這個字修改了 jetzt 的語氣。jetzt 是現在（通常也可以 sofort（立刻）表達），帶著急迫感，可是加上 gleich，雖然也是表達現在會發生，但是給了一點容忍或彈性的空間，例如這句話：Ich komme jetzt gleich（我馬上來），

與 Ich komme jetzt 的感覺帶著一點小小差異。不過，一般德語情境下，jetzt 與 jetzt gleich 沒有那麼清楚的分別，如果要表達最立即的語氣，還是 sofort 最明確。

(198) 週五護未來二式 Fridays for Futur 2

德文以文法複雜著稱，不過那麼多文法細節，其實很多也不常出現在德國人日常語言使用中。例如這種時態：未來二式（Futur II）。

所謂未來二式就是相對於一般未來式而發展出的變化。一般未來式要表達的是未來將發生、存在的事物或動作，而如何組成要表達的是「終結的未來」（die vollendete Zukunft），也就是推測、斷定、保證某個動作或者狀態將在未來某個時間點終結。例如：Ich werde am Wochenende die Hausaufgabe gemacht haben（我將在週末完成作業），如果你使用一般的未來式（Ich werde am Wochenende die Hausaufgabe machen），聽者知道你將會做作業，但是，使用未來二式才能讓對方知道你的保證，你會把作業做完，必將完成做作業的行為。

未來二式要表達的是一種將在未來發生的完成式，乍看之下有點矛盾，有些書會稱此時態為「未來完成式」（Futurperfekt）

或「前未來」（Vorzukunft）。不過，這個文法使用情境不一定與時態有關，而是常用在推測的語氣（例如 Du wirst ihn schon einmal gesehen haben，你應該已經見過他了）。也因此這個文法的曖昧困擾不少學德語的人，甚至也困擾部份德國人。現在愈來愈常見到，口語裡以完成式直接取代了原來應該由未來二式發揮的功能，

德國搞笑政黨「政黨」（Die Partei，這個黨雖然嬉笑怒罵，還真的選上過歐洲議員）出了一張海報，把「週五護未來」（Fridays for Future）標語改為「週五護未來二式」（Fridays for Futur 2），搭配一句控訴，把「週五護未來」運動的控訴「你們將毀掉我們的未來！」（Ihr werdet unsere Zukunft zerstören!）改編成未來二式版本：「你們必將毀掉我們的未來！」（Ihr werdet unsere Zukunft zerstört haben!）他們雖然搞笑，但是以正確的文法使用了這個複雜的未來二式。

⟨199⟩ 識途老兔 ein alter Hase

剛到法蘭克福工作時，某一次，與一位工作聯繫對象吃飯，他問我到德國多久了，我說剛到，他問會不適應嗎？我說不會的，因為我以前便來德國讀書過，對德國的一切都很熟悉。

他說：「您是隻老兔子了（Sie sind ein alter Hase）。」我笑說：「是啊，我已非今年之兔（Ich bin kein heuriger Hase）。」

這裡用老兔子，來形容在某個領域已經富有經驗的人；已非今年的兔子，也是用來形容某人並非新手。中文類似的成語是識途老馬。德文的典故由來是因為，兔子是一種溫順的動物，在大自然中天敵甚多，一般說來壽命都不長。如果是隻老兔，或者並非今年才出生的兔子，表示那一定是隻識途老兔，經驗老到，能避開風險，懂得各種求生之道。

也正因為兔子天敵太多，使得這種動物非常敏感，才能避敵求生。在德語裡便以 Hasenfuß（兔子腳）、Hasenherz（兔子心）的口語，來形容某人過於謹慎、非常小心害怕，甚至是怯懦。

與兔子相關的片語不少，還有一個我覺得有趣，也偶爾會用的：「知道兔子怎麼跑（wissen, wie der Hase läuft）」，意思是能夠預先觀察，預測出事情後續發展情況。還有「狐狸與兔子互道晚安的地方」（wo sich Fuchs und Hase gute Nacht sagen），用以形容偏僻而孤獨的遠方。因為這兩種動物是天敵，不可能互道晚安，除非在無比偏遠的陌生地方，一切都會跟我們所熟悉的風俗不一樣。

奧地利很多登山之路上都有這樣一塊石頭，叫做「你石」（Du-Stein）。從這塊石頭，可以看出德語裡對您與你的區分，以及，要從您跨越到你是何等意義重大的決定。

這塊石頭前面的解說牌寫著：「親愛的登山友，我叫做你石。很棒，你找到通往我的路了，你現在正好爬到海平面高度一千公尺處，根據美好的古老登山傳統，『您』在此失去其意義。請摸著我，稱我為『你』，正如你稱所有那些一同登上此路的夥伴一樣。」

阿爾卑斯山古老傳統，登到一千公尺後，你與登到這裡的人都與大自然連結，即使是陌生人也會產生特殊的同伴情感，可以改變你們的關係。這塊石頭提醒山友，可以開始改變稱謂了，可以開始視同行這麼長一段路的他人為真正的朋友。

德語有一個字 Gefährte，意思是好兄弟、好朋友、夥伴，這個字的字源其實就是陪伴一程者、同行者。在同性婚姻尚未正式合法化之前，德國准許同性伴侶登記某種準婚姻地位，就叫做 Lebensgefährte（女性：Lebensgefährtin），終生伴侶。其實也可以理解為：生命中的同行者。

能夠同行，不只是開始互稱你，能一直共同走下去，是多麼

難得的緣分。

(201) 破產 blutt

讀到一個字彙很有意思：blutt。這個字是南德與瑞士地方的口語，在《杜登》字典裡意思是「裸」（即一般德語的 nackt），其字源來自中高地德語的 blut。《格林兄弟大辭典》裡就有這個詞，並舉例說：blut vögel 就是還沒長羽毛的鳥，blutte berg 是光禿的山。

不過，這個字在奧地利提洛邦（Tirol）地區，也是通行方言，意思是空的（leer），也用來形容沒有錢了，破產了。這個轉申意義也很合邏輯，裸到一件衣服都沒有，不正是兩手空空、身無長物嗎？

這個字也有德語的 bloß 之意，bloß 是「僅有」，其實也有引申義「空的」。例如古老的德語用法 Mit bloszer hand zusammen kommen（空手在一起），意思就是什麼財產都沒有就結婚了。在德國作家莫爾特克（Max Moltke）於 1873 年編輯的《德語守護者》（Deutscher Sprachwart）期刊中，就認為 blutt 與 bloß 是同一個字源，只不過「blutt 在今日我們已經不用了」，只有在民歌中還能見到「光著腳」（Mit blutten Füssen）這樣的用法。

問了維也納的年輕朋友，表示沒有聽過 blutt；看了一下網路上對這個字的討論，似乎南德地區的年輕人也已經不再使用這個古老的詞彙。但是這個詞仍存在於某些地方的方言，除了提洛地區，德國法爾茲地區稱禿頭為 Blottkopf，blott（禿）正是與 blutt 同樣字源。

(202) 消失字母的歷史
Die Geschichte des verlorenen Buchstabens

德語通行國家中，與其他地方的德語差異最大的，就是瑞士。我看德國的節目，每次瑞士人說起德語時，甚至要配上字幕，可見要了解其語言，連一般德國人自己都感吃力。

不過，瑞士德語最大的一個差異也許除了用字、語調外，就在於其書寫系統中沒有 ß 這個字母。

ß 是德語字母的一大特色，在無法打出這個字母的打字機或者電腦中，會以 ss 代替，例如，「意識」（Bewußtsein）的古字，會被寫成 Bewusstsein，不過這是一種替代方式，嚴格說來這樣的替代是差強人意地被接受，因為其實 ß 與 ss 對於德語的發音規則是有影響的。可是在瑞士，這不是替代寫法，而是正式（以及唯一的）寫法，因為他們的鍵盤上沒有 ß 這個按鍵。

瑞士德語並非一開始就有這種與其他地區德語不同的特殊性。1938 年蘇黎世政府決定取消 ß，但是報紙一直到七〇年代都還使用這個字母。2006 年時瑞士通過「正字法改革」（Rechtshreibreform），才正式全面取消 ß。

　　為什麼要把 ß 從書寫系統中拿掉？《蘇黎世日報》（*Tagblatt Zürich*）曾有一篇報導〈消失字母的歷史〉（Die Geschichte des verlorenen Buchstabens），採訪蘇黎世大學德語教授杜爾許愛德（Christa Dürscheid），探究原因。她認為是因為二十世紀初大量使用打字機，而瑞士作為法、德、義等多語的國家，設計一個通用鍵盤以在最小成本下銷售各語區，就成為商業考量。因此，被認為多餘的字母 ß 就被拿掉，人們直接打 ss 替代。另外，瑞士德語中，ß 或 ss 對於發音的影響並不明顯（在德國，位於 ss 前的母音通常發短音，ß 前則通常發長音），因此替代掉這個字母並未招來太大阻力。

　　不過這樣的瑞士特色畢竟是較晚近的事了。多年前我曾認識一位老德國朋友，聊起瑞士德語時，我問她為何瑞士德語不使用這個字母，她堅稱是我弄錯了，瑞士德語就跟德國德語一樣。後來讀到了報紙才知，既不是我弄錯也不是她錯了，而是我們活在不同的時代，在她的時代，瑞士人仍未徹底地走上告別 ß 之路。

國家圖書館出版品預行編目 (CIP) 資料

維也納之心 : 疫情時代的德語筆記 / 蔡慶樺著 . -- 初版 . -- 新北
市 : 遠足文化事業股份有限公司菓子文化出版 : 遠足文化事業
股份有限公司發行 , 2021.08
　面 ;　公分 . -- (Denken 人文)
ISBN 978-986-06715-0-6 (平裝)

1. 社會生活 2. 文化 3. 奧地利維也納

744.1713　　　　　　　　　　　　　　　　110009325

菓 子
Götz Books

· Denken

維也納之心：疫情時代的德語筆記

作　　者　蔡慶樺
攝　　影　蔡慶樺

主　　編　邱靖絨
校　　對　楊蕙芩
排　　版　菩薩蠻電腦科技有限公司
封　　面　吳郁嫻
總　　編　邱靖絨
社　　長　郭重興
發行人兼出版總監　曾大福
出　　版　遠足文化事業股份有限公司　菓子文化
發　　行　遠足文化事業股份有限公司
地　　址　231 新北市新店區民權路 108 之 2 號 9 樓
電　　話　02-22181417
傳　　真　02-22181009
Email　service@bookrep.com.tw
郵撥帳號　19504465 遠足文化事業股份有限公司
客服專線　0800221029

印　　刷　沈氏藝術印刷股份有限公司
定　　價　480 元
初　　版　2021 年 8 月
法律顧問　華陽國際專利商標事務所　蘇文生律師

特別聲明：有關本書中的言論內容，不代表本公司／出版集團的立場及
意見，文責由作者自行承擔。
歡迎團體訂購，另有優惠，請洽業務部 (02)22181-1417 分機 1124、1135